Franz Fischler | Wolfgang Lutz

ZUKUNFT DENKEN

www.galila.at

FRANZ FISCHLER
WOLFGANG LUTZ

ZUKUNFT DENKEN

Werden es unsere Kinder besser haben?

Galila Verlag

Was lässt uns leben?

(Alexander I. Solschenizyn)

Lektorat: Renate Feikes
Satz: www.buchsatz.com
Printed in Austria
ISBN: 978-3-902533-6-23

INHALT

Kapitel I.

Alles verwoben: Demografische Gedankenspiele

Fischler: Bis zur Gegenwart hatten alle Eltern immer den Wunsch, ihre Kinder mögen es einmal besser haben als sie selbst. Jetzt aber hört man immer öfter: Das gelte nicht mehr für die Zukunft. Wie sehen Sie das als Demograf?

Lutz: Wir leben tatsächlich in einer sehr ungewöhnlichen Phase der Menschheitsgeschichte. Insofern, als wir in Europa und Nordamerika seit dem 19. Jahrhundert und weltweit seit Mitte des 20. Jahrhunderts, ein nie dagewesenes Wachstum an Wohlstand, Lebenserwartung und Lebensqualität sehen. Und Ihre Frage lautet ja: Kann das so weitergehen? Als Wissenschaftler muss man differenzieren und fragen: Wie schaut es bei uns in Mitteleuropa aus und wie in anderen Regionen? Für einen großen Teil der Welt lässt sich sagen: Dort wird die Lebensqualität sicherlich weiter zunehmen, weil die Menschen derzeit noch arm sind, aber zunehmend besseren Zugang zu Bildung haben und immer besser mit Nahrungsmitteln und Medizin versorgt werden und daher auch die Lebenserwartung steigt. Das heißt, in den meisten armen Ländern werden es die Kinder vermutlich besser haben als ihre Eltern. Für Mitteleuropa lässt sich diese Vorhersage nicht so einfach treffen, weil wir diese Entwicklungen schon hinter uns haben und bereits auf einem hohen Wohlstandsniveau stehen. Hier wird die Frage: *Werden es unsere Kinder einmal besser haben?*, sehr komplex, weil andere Faktoren hinzukommen. Zum Beispiel stecken wir mitten in einer noch nicht überwundenen Finanzkrise und auch die wirtschaftliche Konkurrenz, insbesondere aus Ostasien, wo sehr viel mehr in Bildung und Technologie investiert wird, wird immer stärker.

Fischler: Worüber man heutzutage auch diskutiert, es kommt immer die Antwort, dass alles sehr komplex sei. Mir scheint, das ist die eigentliche Zukunftsfrage: Wie wir mit dieser Komplexität umzugehen lernen? In der Vergangenheit haben wir das offenbar nicht geschafft, weil sonst wäre es nicht so oft zu falschen Prognosen und falschen politischen Entscheidungen gekommen. Nehmen Sie beispielsweise manche Prognosen des Club of Rome oder die Einschätzungen des österreichischen Generalstabs zu Beginn des Ersten Weltkriegs oder aus neuerer Zeit die Fehleinschätzungen vieler europäischer Diplomaten in Bezug auf die Wiedervereinigung oder die vielen Fehlprognosen in Zusammenhang mit der Wirtschafts- und Finanzkrise. Ganz sicher stimme ich Ihnen zu, dass in den Schwellenländern der Aufschwung weiter gehen und es den jungen Menschen besser gehen wird. Dagegen haben wir in den westlichen Industriestaaten ein Wohlstandsniveau erreicht, das man kaum noch übertrumpfen kann. Jedenfalls nicht im materiellen Sinn. Hier müssen wir klären, was wir eigentlich meinen, wenn wir fragen, ob es unseren Kindern einmal besser gehen wird als uns selbst. Da müssen wir über unsere Vorstellungen von *Lebensqualität* sprechen. Und schließlich gibt es Regionen, ich denke insbesondere an die Länder südlich der Sahara, wo Diktatoren das Sagen haben und die politischen Systeme dermaßen instabil sind, dass man kaum realistische Vorhersagen treffen kann, weil es praktisch vom Zufall abhängt, wie lange so ein Diktator seinen Unfug treiben kann.

Lutz: Ja, aber solche Zustände sind auch uns Europäern nicht unbekannt, wenn wir auf die vergangenen hundert Jahre zurückblicken. Mir scheint, die globale Entwicklung verläuft einfach zeitlich verschoben. Viele dieser Länder, die erst seit kurzem auf dem Pfad der Modernisierung unterwegs sind, stehen jetzt vor ganz ähnlichen Entwicklungen, wie wir sie in Europa zu Beginn des 20. Jahrhunderts oder noch früher durchgemacht haben. Hoffentlich bleiben ihnen die Schrecken von zwei Weltkriegen, die wir in Europa begonnen haben, erspart. Ich bin da nicht pessimistisch. Jedenfalls, wenn wir von *Lebensqualität* sprechen, dürfen wir nicht nur einen einzigen Parameter betrachten, also die Wirtschaft oder die Umwelt oder die Gesundheit, sondern wir müssen die Welt systemisch betrachten. Das Problem dabei ist, dass unser Gehirn immer nach einfachen Modellen der Welt sucht.

Fischler: Und als Folge verwechseln wir gerne die Realität und das Modell.

Lutz: Das ist natürlich eine menschliche Schwäche. Wir denken, dass unser Denken der Weisheit letzter Schluss ist. Und dann passiert etwas Unerwartetes und unser schönes Modell ist passé. Das ist bei vielen ökonomischen Modellen so, die davon ausgehen, dass die Menschen perfekt informiert sind und rein rational handeln, was aber oft nicht der Fall ist. Oder die berühmte Studie des Club of Rome zu den Grenzen des Wachstums ist davon ausgegangen, dass die Versorgung mit Rohstoffen unser Hauptproblem ist. Dann hat man mehr davon gefunden und Ersatzstoffe und neue Technologien entwickelt und heute sehen wir die Entsorgung und die Zerstörung der Umwelt als das viel größere Problem. Aber da haben wir inzwischen Fortschritte gemacht. Unsere Weltmodelle sind heute viel differenzierter und eindeutig besser als vor einigen Jahrzehnten. Das Problem ist: Wenn wir fragen: *Wird es unseren Kindern einmal besser gehen?*, dann beruht diese Frage nicht nur auf objektiven, messbaren Kriterien, sondern auch auf subjektiven Einschätzungen. Wir können das Wirtschaftswachstum oder die Lebenserwartung messen, aber nicht so einfach die *Zufriedenheit* eines Menschen. Wie wir aus der Psychologie wissen, hängt unsere Zufriedenheit in hohem Maße von Vergleichswerten ab: also davon, was ich habe und was es rundherum zu haben gibt. Und die Ansprüche der jungen Generation sind heute um Vieles höher als die Ansprüche früherer Generationen. Dessen muss man sich bewusst sein: Wenn wir von Lebensqualität sprechen, geht es also nicht nur um absolute Maßzahlen. Wenn wir sehr hohe Ansprüche haben, braucht es nur ein kleines bisschen weniger, und wir sind schon unzufrieden. Trotzdem müssen wir uns zum Verständnis einmal die absoluten Faktoren ansehen.

Fischler: Da stellt sich mir die Frage: Wie wird sich die Bevölkerung entwickeln? Das ist Ihr Fachgebiet, Herr Lutz. Auf der Erde werden in 40 Jahren rund 9 Milliarden Menschen leben. Ich frage mich, ob diese Hoffnung, von der wir hier die ganze Zeit reden – nämlich dass es unseren Kindern einmal besser geht als uns selbst –, die Triebkraft für das stete Bevölkerungswachstum ist? Und dieses Argument kann man auch umdrehen: Sind die Zweifel, dass es unseren Kindern einmal besser gehen wird, auch der Grund, warum es ab Mitte dieses Jahrhunderts mit der Bevölkerungszahl wieder abwärts gehen wird? Wie sehen Sie das als Demograf?

Lutz: Also mathematisch betrachtet gibt es auf globaler Ebene nur zwei Faktoren, die das Bevölkerungswachstum beeinflussen. Der eine ist die Sterberate oder Mortalität, was oft mit der durchschnittlichen Lebenserwartung beschrieben wird. Der andere ist die Geburtenrate oder Fertilität. Derzeit sterben im globalen Durchschnitt pro Jahr 8 von 1000 Menschen und es werden 20 pro 1000 geboren. Das jährliche Wachstum beträgt also 12 pro 1000 oder 1,2 Prozent. Anders ausgedrückt liegt die durchschnittliche Lebenserwartung der Weltbevölkerung derzeit bei 70 Jahre, und die durchschnittliche Zahl der Kinder beträgt 2,5 pro Frau. Diese Durchschnittszahlen verdecken natürlich große regionale Unterschiede. In Europa liegt die Lebenserwartung bei 77 Jahren und die Kinderzahl bei 1,6. In Afrika ist die Lebenserwartung nur 58 Jahre und die Kinderzahl mit 4,7 deutlich höher. In Deutschland und Österreich liegt die Lebenserwartung mit derzeit 81 Jahren über dem europäischen Durchschnitt. Trotzdem gibt es wegen der alten Bevölkerungsstruktur bereits mehr Todesfälle als Geburten. Und dieses „Geburtendefizit" wird in Zukunft noch zunehmen. Aber auf der Ebene von einzelnen Ländern kommt natürlich als dritter Faktor noch die Migration dazu, die bei uns derzeit zu einem leichten Bevölkerungswachstum führt.

Fischler: Auf globaler Ebene macht das keinen Sinn, weil es ja keinen Zuzug von grünen Männchen auf die Erde gibt.

Lutz: So ist es! Wenn wir uns das Bevölkerungswachstum auf der Erde anschauen, so wurde die erste Milliarde zirka um das Jahr 1800 erreicht, die zweite um 1930, die dritte 1960, die vierte bereits 1974, die fünfte 1987 und die sechste Milliarde im Jahr 2000. Die Bevölkerung wuchs also in jeweils nur 13 Jahren um mehr als in der ganzen Menschheitsgeschichte vor 1800. Heute stehen wir bei zirka 7,4 Milliarden und das Wachstum verlangsamt sich wieder deutlich. Aber sprechen wir zuerst über die Ursachen des Wachstums, das man eindeutig am Rückgang der Sterberate festzumachen kann. Das hat in Europa damit begonnen, dass in der zweiten Hälfte des 19. Jahrhunderts die Infektionskrankheiten zurückgegangen sind.

Fischler: Hat also die Entwicklung primär mit dem Fortschritt der Medizin zu tun?

Lutz: Nein, nur mit einfachen Hygienemaßnahmen. Bei uns in Österreich nenne ich immer das Beispiel der Wiener Hochquellwasserleitung, die in den 1870er Jahren vom Schneeberg und von der Rax nach Wien gebaut wurde. Bis dahin kam es immer wieder zu Typhus- und Choleraausbrüchen. Kaum war die Hochquellwasserleitung fertig, war es mit den Seuchen vorbei. Interessanterweise musste sie zwei Jahre nach der Eröffnung wegen Reparaturarbeiten längere Zeit geschlossen werden, und sofort war Cholera wieder da.

Fischler: Ich erzähle in diesem Zusammenhang gerne eine Geschichte zur Milchhygiene. Man muss sich vor Augen halten, dass es früher viele tausend Todesfälle infolge von Tbc-Erkrankungen gab. Tuberkulose wurde häufig durch die Erreger in der Kuhmilch übertragen, bevor die Pasteurisierung aufkam. Um solche Zusammenhänge zu verstehen, dass Mikroben für Krankheiten verantwortlich sind, bedurfte es erst solch genialer Mediziner wie Robert Koch und Louis Pasteur in der zweiten Hälfte des 19. Jahrhunderts. Es waren ja viele geradezu banale Dinge, wie beispielsweise sich mit Seife die Hände zu waschen, die tausenden Menschen das Leben retteten.

Lutz: Wenn ich jetzt zurückkomme auf unsere Frage, was *Lebensqualität* ausmacht, ist der wichtigste Aspekt das Überleben selbst. Logisch: Wer stirbt, ist tot – da gibt es keine Lebensqualität. Deswegen halte ich die *Sterberate* bzw. den davon abgeleiteten Indikator der *durchschnittlichen Lebenserwartung* (entweder bei der Geburt oder im Alter von 60 Jahren) für besonders wichtig, weil Überleben eine Grundvoraussetzung für jegliche Art von Lebensqualität ist. Das war in der gesamten Menschheitsgeschichte das Wichtigste, dass ich und meine Angehörigen den folgenden Tag erleben. Aus diesem Grund hat jede Gesellschaft Fortschritte in der Hygiene und später auch in der Medizin schnell übernommen, weil man überleben wollte. Um hier eine beeindruckende Zahl zu nennen: In Mitteleuropa ist die Lebenserwartung in den vergangenen 150 Jahren um rund 40 Jahre gewachsen und die Kindersterblichkeit ist um den Faktor 50 gefallen: von rund 250 pro 1000 auf 5 pro 1000. Die Folge war, dass bei zunächst gleichbleibender Geburtenrate die Bevölkerung stark angestiegen ist

Fischler: Wien hatte schon einmal über 2 Millionen Einwohner – um 1900. Welche Rolle hat da die Migration gespielt?

Lutz: Also von außen kamen nicht sehr viele Zuwanderer in die Österreichisch-Ungarische Monarchie, aber es gab eine beträchtliche Binnenwanderung, vor allem in die großen Städte. Von daher rekrutierte sich die hohe Einwohnerzahl Wiens. Es kam aber umgekehrt, infolge des starken Bevölkerungsdrucks, zu mächtigen Auswanderungswellen aus der Monarchie vor allem nach Amerika.

Fischler: Auch aus Tirol, übrigens, das sage ich, weil wir das Gespräch für dieses Buch hier in Tirol führen. Die letzte Emigrationswelle aus Tirol wurde im Jahr 1933 von einem meiner Vorgänger als Landwirtschaftsminister angeführt, einem Herrn Andreas Thaler. Die gingen nach Brasilien, weil hier nicht mehr genügend Land für die stark angewachsene Bevölkerung vorhanden war und unglaubliche Armut herrschte.

Lutz: Ja, es gab diesen enormen Geburtenüberschuss in Europa um das Jahr 1900. Und ein halbes Jahrhundert später kam es im Rest der Welt zu einer vergleichbaren Entwicklung: Während die Geburtenraten durch ein in der Regel sehr junges Heiratsalter noch höher waren als bei uns im 19. Jahrhundert, sanken die Sterberaten schnell. Das hat zum einen mit der Globalisierung und Verbreitung der europäischen Standards zu tun, die mit dem Zweiten Weltkrieg einherging. Zum anderen mit der Erfindung der Antibiotika. Dadurch sind die Sterberaten in Asien und Afrika quasi über Nacht gesunken. Und zusammen mit der hohen Geburtenrate ist die Bevölkerung explosionsartig angestiegen.

Fischler: Daher auch der Begriff *Bevölkerungsexplosion*, der aus den 1960er Jahren stammt.

Lutz: Man konnte mit Antibiotika und den bekannten Hygienemaßnahmen vor allem die Kindersterblichkeit gewaltig senken. Man muss sich das einmal vor Augen halten: In den Entwicklungsländern – genau wie auch in Europa bis ins 19. Jahrhundert – überlebte ein Drittel bis die Hälfte der Kinder nicht das erste bzw. fünfte Lebensjahr. Das ist unglaublich! Und wenn auf einmal 90 Prozent der Kinder überleben, hat man bald darauf eine Bevölkerungsexplosion.

Fischler: Das ist einleuchtend. Was ich allerdings nicht verstehe, aber sehr interessant finde, ist, dass in etwa 40 Jahren 9 bis 10 Milliarden Menschen die Welt bevölkern werden. Und Prognosen behaupten, dass es 150 Jahre später nur mehr 4 Milliarden Menschen geben wird. Was passiert da?

Lutz: Um das zu verstehen, müssen wir über die *Geburtenraten* reden. Das ist der zweite langfristig wirksame Faktor für die Bevölkerungsentwicklung. Die Geburtenraten sind in allen Teilen der Welt – mit der großen Ausnahme von Afrika südlich der Sahara und ein paar Ländern in Westasien – in den letzen Jahren stark gesunken. Im größten Land der Welt, in China, liegt sie ähnlich wie in Europa bei rund 1 ½ Kindern. Das liegt unterhalb des sogenannten Bestanderhaltungsniveaus von zwei überlebenden Kindern pro Frau und bedeutet langfristig ein Schrumpfen der Bevölkerung. Traditionelle Gesellschaften hatten generell eine hohe Geburtenrate. Es gab Seuchen, Kriege, Hungersnöte und andere Katastrophen, die dazu führten, dass die Menschheit immer wieder vom Aussterben bedroht war. Aus diesem Grund gab es in fast allen Kulturen Normen, die dafür sorgten, dass es viele Nachkommen gibt. Diese geburtenfördernden Verhaltensweisen und Bräuche sind in den Köpfen der Menschen fest verankert, und deswegen hat die Geburtenrate auf Veränderungen nicht so schnell reagiert wie die Sterberate.

Fischler: Klar, sterben will niemand, daher werden Verbesserungsmöglichkeiten sofort angenommen. Dagegen steht ein neugeborenes Kind als Sinnbild für das Leben – das muss eine Kultur erst langfristig durchdringen, dass viele Kinder nicht automatisch gut sind.

Lutz: Wenn wir in Europa bleiben, kann man sagen: Es dauerte damals ein paar Jahrzehnte, bis die Eltern sich daran gewöhnten, dass mehr Kinder überlebten, und ihr Verhalten anpassten. Hinzu kam die Verstädterung – und Kinder in der Stadt sind teuer und etwas ganz anderes als auf einem Bauernhof. Und schließlich war der entscheidendste Faktor die zunehmende Bildung der Frauen. Dieser Faktor kam in der Zwischenkriegszeit ganz deutlich zum Tragen. Frauen hatten immer öfter eine Schulbildung, einen Beruf und damit verbunden nahmen sie die Reproduktion selbst in die Hand. Man empfing sozusagen nicht so viele Kinder „wie der Liebe Gott mir gibt“, sondern entschied selbst, wie viele man haben wollte. Diese kulturellen Veränderungen haben in Österreich zu einem Rückgang der durchschnittlichen Kinderzahl von über 4 im Jahr 1900 auf unter 2 in den 1930er Jahren geführt.

In Asien lief diese Entwicklung zeitverzögert ab. Der Sterberückgang erfolgte in den 1940er bzw. 1950er Jahren, gleichzeitig lag die Geburtenrate in Thailand oder Südkorea mit 6 bis 7 Kindern pro Frau, bedingt durch unterschiedliche Heiratsmuster, noch höher als im Westeuropa des 19. Jahrhunderts. Die Folge war eine Bevölkerungsexplosion. Um das mit Zahlen zu veranschaulichen: Thailand hat heute knapp 70 Millionen Einwohner, um das Jahr 1900 lebten dort etwa 7 Millionen; 1950 waren es 20 Millionen; eine Frau bekam damals im Durchschnitt 6 bis7 Kinder, heute hat Thailand eine Geburtenrate von 1 ½ Kindern. Interessant ist auch, dass in Ost- und Südostasien der Geburtenrückgang in den 1980er Jahren so massiv und schnell einsetzte, wie wir das in Europa nie gesehen haben. In Südkorea hatte eine Frau noch in den 1960er Jahren 7 Kinder, heute hat Südkorea mit 1,2 Kindern die niedrigste Geburtenrate der Welt. Und das ist einhergegangen mit der schnellsten Bildungsexpansion, welche die Welt je gesehen hat. Die jungen Frauen in Südkorea waren bis in die 60er Jahre in der Mehrzahl noch ohne jegliche Schulbildung. Heute sind sie die am besten ausgebildeten Frauen weltweit: über 70 Prozent haben einen Universitätsabschluss!

Fischler: Bildung scheint offensichtlich der beste Geburtenregulator zu sein.

Lutz: Ja, bereits eine gewisse Basisbildung der Frauen führt dazu, dass sie sich weniger Kinder wünschen und auch besser Zugang zu effizienter Geburtenregelung finden. Die Verfügbarkeit von modernen Verhütungsmitteln erleichtert das natürlich wesentlich. Das führt dazu, dass zum Beispiel in Äthiopien Frauen ohne Schulbildung noch rund 6 Kinder haben, während Frauen, die zumindest bis zum Alter von 15 Jahren in der Schule waren, im Durchschnitt nur 2 Kinder haben. Frauen mit einer gewissen Grundschulbildung wollen weniger Kinder haben, weil sie wissen, dass es diesen Wenigen dann besser geht. Gleichzeitig können sie sich dadurch auch besser gegenüber den traditionellen Erwartungshaltungen seitens der Familie und der Gesellschaft durchsetzen.

Fischler: Gesellschaft ist das passende Stichwort: Es muss auch das soziale Umfeld passen. Mit anderen Worten: Solange es in Entwicklungsländern keine soziale Absicherung für alte Menschen gibt, wird der Wunsch nach vielen Kindern aufrecht bleiben. Das heißt, wir müssen die sozialen Verhältnisse ändern und Alters- und Krankenversicherungen einführen. Oder lässt sich dieses Problem auch durch Bildung regeln?

Lutz: Das ist sicherlich der Grund, warum in agrarischen und traditionellen Gesellschaften immer eine hohe Kinderzahl erwünscht war. Es waren schlicht mehr helfende Hände vorhanden, und die Kinder waren die einzige Alterssicherung der Eltern. Aber es gibt jetzt zahlreiche Studien aus den ärmsten afrikanischen Ländern, die zeigen, dass sich dies auch angesichts des rasanten Bevölkerungswachstums zu ändern beginnt. Bereits geringfügig gebildete Eltern können zunehmend akzeptieren, weniger Kinder zu haben. *Weniger* kann dann immer noch vier oder fünf Kinder heißen, aber damit ist ein erster wichtiger Schritt zur bewussten Familienplanung gesetzt. Und Kinder aus kleineren Familien haben es in der Regel auch besser, können leichter zur Schule gehen und später auch besser für ihre Eltern sorgen. Die Eltern setzen sozusagen auf Qualität statt auf Quantität.

Fischler: Vor zwei oder drei Generationen war es bei uns auch noch so. Meine Großmutter hat mir erzählt, dass sie neben ihrer winzigen Landwirtschaft nachts arbeiten ging, nur damit sie das Schulgeld für ihre beiden Kinder zahlen konnte. Das ist also gar nicht so lange her.

Ich möchte unsere bisherige Diskussion kurz zusammenfassen. Erstens: Wer in Bildung investiert, investiert in die Zukunft. Zweitens: Es ist für die Politik eine gewaltige Aufgabe, entsprechende soziale Verhältnisse zu schaffen, sodass die gewünschte gesellschaftliche Transformation vonstatten gehen kann. Drittens stimmt mich das in Hinblick auf die riesigen Umweltprobleme, vor denen wir stehen (Stichwort: Klimaerwärmung), positiv. Wenn die Bevölkerungszahl wieder in eine Richtung geht, die für die Umwelt verträglich ist, wird auch unser ökologischer Fußabdruck wieder kleiner.

Lutz: Ja. Es ist faszinierend zu sehen, wie die Bedeutung von Bildung für alle Faktoren relevant ist, welche die Zukunft betreffen. Wobei die globale Bevölkerungsentwicklung für die meisten Menschen abstrakt ist. Aber es gibt auch Bereiche, die Menschen unmittelbar und spürbar betreffen. Wir sprachen schon zuvor über die Kindersterblichkeit. Diese liegt bei besser gebildeten Müttern wesentlich niedriger als bei Ungebildeten. Auch die Lebenserwartung ist zum Beispiel bei besser gebildeten Männern um bis zu 12 Jahre höher als in der untersten Bildungsgruppe. Das gilt nicht nur für die ärmsten Länder, sondern auch für die reichsten Länder der Welt. Gut gebildete Menschen sind in praktisch allen Bereichen besser aufgestellt. Sie verdienen mehr, leben gesünder, bringen sich stärker in die Zivilgesellschaft ein usw. Wir haben erst jüngst eine Serie von Studien abgeschlossen, die eindeutig zeigen, dass besser Gebildete in Entwicklungsländern mit Naturkatastrophen und den ökologischen Herausforderungen und Folgen des Klimawandels besser zurecht kommen. Interessanterweise ist es nicht das höhere Einkommen, welches weniger verwundbar macht, sondern die höhere Bildung. Das ist auch nachvollziehbar, wenn man überlegt: Gebildete Menschen haben einen längeren Zeithorizont, sie planen die Zukunft rationaler, sie bereiten sich auf die möglichen Veränderungen besser vor und nach Katastrophen sind sie besser in der Lage, sich zu erholen. Also, Investitionen in Bildung rechnen sich auch in dieser Hinsicht.

Fischler: Das sind spannende Ergebnisse! Wenn ich die neuen Berichte des Weltklimarats der Vereinten Nationen (IPCC) studiere, dann steht da drinnen: Erstens, dass wir den Klimawandel bekämpfen müssen. Zweitens, dass wir Anpassungsstrategien für die Veränderungen, die auf uns zukommen, brauchen. Drittens, und das ist neu, dass wir widerstandsfähiger gegenüber diesen Veränderungen werden müssen – das Fachwort dafür heißt *Resilienz*. Man könnte also sagen: Bildung ist ein starker resilienzfördernder Faktor.

Lutz: Ich habe als einer der Hauptautoren des jüngsten IPCC-Berichts[1] an dem Kapitel über nachhaltige Entwick-

---

1 IPCC: Intergovernmental Panel of Climate Change (Weltklimarat der Vereinten Nationen)

lung mitgearbeitet. Darin haben wir versucht, alle diese Aspekte zusammenzuführen. Und wie Sie ganz richtig gesagt haben, hat man in der Vergangenheit fast ausschließlich darauf geachtet, wie man den Kohlendioxid-Ausstoß vermindern kann. Nun hat sich aber die Erkenntnis durchgesetzt, dass der Klimawandel in einem bestimmten Ausmaß bereits unvermeidlich ist und wir uns darauf vorbereiten müssen. Auch hier wieder das Ergebnis: Bildung und, damit verbunden, eine bessere soziale Organisation (Sozialkapital) ist die beste Anpassungsstrategie.

Fischler: Wenn ich mir den großen Bogen, den Sie hier spannen, anschaue, bin ich relativ optimistisch für die Zukunft – aber es muss uns gelingen, ein gutes *Bildungsklima* zu schaffen. Gleichzeitig spüre ich darin die Gefahr, dass viele wichtige Entscheidungen nicht getroffen werden, weil die Folgen schmerzhaft wären und man als Alternative scheinbar nur in die Bildung investieren müsste. Ich denke an den Ausstieg aus dem fossilen Energiezeitalter, an die Debatten rund um die Biodiversität, Immigration, Entwicklungszusammenarbeit usw.

Lutz: Na ja, man darf das eine nicht gegen das andere ausspielen. Natürlich müssen wir alle Anstrengungen unternehmen, um den negativen Einfluss auf die Umwelt zu reduzieren. Aber auch da kann die Bildung wieder hilfreich sein. Es zeigt sich in Studien, dass Bildung bei Themen wie Umweltschutz, Energiesparen etc. eine interessante Rolle spielt. Besser gebildete Menschen verdienen zwar meist mehr und konsumieren daher auch mehr, aber gleichzeitig zeigt sich, dass sie zum Beispiel eher gewillt sind, auf öffentliche Verkehrsmittel umzusteigen als weniger Gebildete. Es gibt also eine größere geistige Flexibilität, wenn die Einsicht da ist, dass diese Schritte getan werden müssen. Bildung ist keineswegs als Konkurrenz zu anderen Maßnahmen zu sehen.

Fischler: Auch wenn Sie jetzt gleich lachen werden, wenn ich als Politiker Ihnen die Frage stelle: Glauben Sie, dass Politiker „bildungswillig" und bereit sind, die nötigen Entscheidungen zu treffen?

Lutz: Meine Sicht dazu ist: In einer Demokratie hat jedes Land die Politiker, die es verdient. Was die Politiker tun und wollen, hängt letztlich davon ab, was die Mehrheit der Bevölkerung will. Welches Bewusstsein und welche Prioritäten sie hat. Politiker haben in den seltensten Fällen eine eigene Vision, sondern reagieren zumeist auf Meinungsumfragen, die widerspiegeln, was die Bevölkerung will. Daher glaube ich, dass bessere Bildung der breiten Bevölkerung dazu führt, dass das öffentliche Bewusstsein geschärft wird und wir in Folge auch „bildungswilligere" Politiker bekommen.

Fischler: Im Sinne einer Rückkopplung. Na, hoffentlich haben Sie recht!

Kapitel II.

Gesundheit

Fischler: Ich möchte wieder auf die Sterblichkeitsrate zurückkommen, von der wir im vorigen Kapitel gesprochen haben. Diese ist ja innerhalb kürzester Zeit enorm gesunken, was wiederum mit der verbesserten Hygiene und Medizin zu tun hatte. Wenn man in Österreich Menschen fragt, was ihnen am wichtigsten sei, dann kommt *Gesundheit* immer an erster Stelle. Aus diesem Grund wird diesem Thema auch in der Politik große Beachtung geschenkt. Nun ist es aber so, dass die Medizin sehr stark „reparaturorientiert" ist, technisch immer aufwendiger und daher auch immer teurer wird. Und als Folge nähern wir uns einer Art Zweiklassenmedizin. Ich persönlich denke, das muss eines der großen Themen der Politik der nächste Jahre sein, sonst treffen wir Prognosen darüber, was in 200 Jahren sein wird, aber was in zehn oder fünfzehn Jahren sein wird, können wir nicht beantworten.

Lutz: Es ist in der Öffentlichkeit eine verbreitete Meinung, dass die Ausgaben eines Landes für Medizin in direktem Zusammenhang stehen mit der Lebenserwartung. Das ist aber nur sehr begrenzt der Fall.

Fischler: Warum?

Lutz: Weil die entscheidenden Faktoren, warum bei uns die Lebenserwartung zunimmt, nicht in der sehr teuren

Hightech-Medizin liegen, die in Grenzfällen zur Anwendung kommt. Sondern es liegt am Lebensstil und an der Vorsorgemedizin, ob wir alt werden oder nicht. Im 19. Jahrhundert waren es die Hygienemaßnahmen, welche die Lebenserwartung der Bevölkerung statistisch stark angehoben haben. Heute geht es neben den inzwischen meist selbstverständlichen Impfungen und Vorsorgeuntersuchungen vor allem darum, dass wir nicht Rauchen, genügend Bewegung machen, uns gesund ernähren, keinen gefährlichen Sport treiben sowie geistig und sozial bis ins hohe Alter aktiv bleiben. Darüber hinaus bringt auch viel Geld meist kein längeres Leben. Das sehen wir im weltweiten Vergleich: Kuba zum Beispiel ist wirtschaftlich eines der ärmsten Länder der Welt. Aber die Menschen sind gut gebildet, die Gesellschaft ist sozial straff organisiert und die Basis-Gesundheitsversorgung ausgezeichnet. Die Folge ist, dass trotz der enormen Einkommensunterschiede die Lebenserwartung kubanischer Männer höher ist als die Lebenserwartung amerikanischer Männer.

Fischler: Wobei Amerika das Land mit den weltweit absolut höchsten Gesundheitsausgaben ist. Diese liegen in den USA bei rund 8500 Dollar pro Kopf, in Österreich und Deutschland bei rund 4500 Dollar. In Kuba bei rund 600 Dollar.

Lutz: Und hier sieht man: Geld macht nicht den entscheidenden Unterschied. Es kommt drauf an, dass es eine Beratung gibt, die präventiv eingreift, bevor es zur teuren kurativen Medizin kommt.

Fischler: Das geht bei uns offensichtlich in die falsche Richtung.

Lutz: Da stimme ich Ihnen zu! Das hat damit zu tun, dass jeder die neueste Behandlung, die neuesten Medikamente etc. haben will – obwohl das oft zweifelhaft ist, was das der Verlängerung des Lebens und Verbesserung der Lebensqualität bringt. Da stecken natürlich massive finanzielle Interessen der Pharmaindustrie und auch der Ärzteschaft dahinter. Wir müssen umdenken: mehr in Richtung Prävention und Lebensstiländerung. Und bedenken, welche Eingriffe sinnvoll sind. Das zeigen auch die Statistiken: Mehr als die Hälfte der Kosten für die medizinische Betreuung fällt in den letzten wenigen Lebenswochen an.

Fischler: Eine damit verbundene spannende Frage ist, ob wir es schaffen, unser Krankenversicherungssystem auf ein Art Bonus-Malus-System umzustellen. Bei Rauchern ist das indirekt gelungen, in dem man die Tabakwaren sehr hoch besteuert. Der nächste große Schritt werden Maßnahmen gegen die Dickleibigkeit sein. Das betrifft inzwischen nicht nur die reichen Länder. Weltweit ist Mexiko von Adipositas am stärksten betroffen, aber auch in China, Indien und Afrika breitet sich die Fettleibigkeit aus. In Europa legen zur Zeit die Briten am stärksten an Gewicht zu. Hier müsste man eine Belohnung für Leute einführen, die auf ihre Gesundheit achten. Aber da traut sich die Politik nicht so recht drüber.

Lutz: Die Vorsorgeuntersuchung gibt es.

Fischler: Schon, aber die Gesundenuntersuchung, die von der Sozialversicherung gedeckt wird, ist in meinen Augen mehr ein Placebo, weil sie viel zu wenig in die Tiefe geht. Das gehörte ordentlich verbessert. Das Problem dabei ist:

Dazu bräuchte man eine Übergangsfinanzierung, weil sich die positiven Effekte nicht von heute auf morgen einstellen, sondern erst nach einer längeren Verzögerung. Es geht also um die Zwischenfinanzierung.

Lutz: Man könnte zynisch sagen, das wird nicht umgesetzt, weil zu wenige Leute daran verdienen. Prävention ist eigentlich nur im Interesse des zukünftigen Patienten: davon haben die Pharmafirmen nichts und die Krankenhausbetreiber nichts. Dagegen machen Viele mit teuren Operationen oder teuren Medikamenten ordentlich Reibach.

Fischler: Mag sein. Aber für die Politik ist das Problem die Zwischenfinanzierung. Dafür brauchen sie vorübergehend in der Krankenkasse mehr Geld. Und derzeit pfeift eh schon jede Krankenkasse aus dem letzten Loch und kann gerade noch die kurative Medizin finanzieren. Oder nicht einmal das mehr: Wir haben ja schon in mehreren europäischen Ländern die Situation, dass man ab einem bestimmten Alter keine künstliche Hüfte mehr bekommt. Da stoßen wir bereits an Grenzen. Und dann ist den Politikern das Hemd näher als der Rock. Anders gesagt: Wenn ich Geld in die Prävention stecke, sehe ich die positiven Ergebnisse erst in zwei Jahrzehnten. Aber wer krank – und übrigens Wähler – ist, braucht die Behandlung *sofort.* Das ist ein Grundproblem der heutigen Politik. Fast alle großen Probleme, mit denen wir konfrontiert sind, lassen sich nicht innerhalb einer Legislaturperiode lösen. Dafür braucht es längerfristige Konzepte. Bloß, der Auszahlungstermin für die politische Dividende ist dann nicht der nächste Wahltermin und daher sind Langfristprojekte in den Augen der Spindoktoren uninteressant. Jetzt könnte man fragen: Warum machen wir nicht Programme für den übernächsten Wahltermin? Dafür sind jedoch häufig die Zweifel in die eigene politische Überlebensfähigkeit zu groß. Wir stoßen hier an Grenzen unseres politisch-demokratischen Systems.

Lutz: Ich möchte gerne wieder einen Bogen zurück zur Lebenserwartung schlagen. Kaum jemand ist sich bewusst, dass wir unsere Lebenserwartung in einer geradezu atemberaubenden Geschwindigkeit erhöhen. Um das mit einem Beispiel zu verdeutlichen: In Ländern wie Österreich und Deutschland hat die Lebenserwartung in den vergangenen beiden Jahrzehnten um rund 2 ½ Jahre pro Jahrzehnt zugenommen. Anders gesagt: Wir gewinnen jedes Jahr im Durchschnitt 3 Monate an Lebenszeit. Nochmals anders veranschaulicht, indem wir das auf einen 24-Stunden-Tag umlegen: Wir altern eigentlich nur von der Früh bis um 6 Uhr abends. Und die restlichen 6 Stunden werden uns vom Lieben Gott geschenkt, das können wir feiern, weil da rücken wir dem Tod nicht näher.

Fischler: Eine nette Pointe!

Lutz: Ja, aber es ist fast unvorstellbar! Wenn wir uns fragen, was das für ein, sagen wir, morgen geborenes Mädchen bedeutet, dann hat dieses Kind eine durchschnittliche Lebenserwartung von über 100 Jahren, wenn die Entwicklung in den nächsten Jahren so weitergeht. Und das scheint so weiterzugehen, da noch kein Abflachen des Anstiegs zu beobachten ist. Wenn ich das erzähle, schlagen viele Leute die Hände über dem Kopf zusammen und sagen: „Um Gotteswillen, ich will gar nicht über 100 Jahre alt werden!“

Fischler: Natürlich, wir sehen ja, dass man ab einem Alter von 75 oder 80 Jahren gebrechlich und krank wird. Und die letzten Jahre bieten oft keine hohe Lebensqualität mehr. Davor haben die Menschen verständlicherweise Angst.

Lutz: Auch das verändert sich zum Positiven. Die behinderungsfreie Lebenserwartung nimmt fast genauso schnell zu wie die gesamte Lebenserwartung. Es gibt ja diese Redewendung: Die 70-Jährigen von heute sind die 60-Jährigen von gestern. Das spiegelt genau die Veränderung wider. Interessant ist, dass auch hier ein deutlicher Bildungsunterschied auftritt. Die Daten stammen wieder aus Österreich und Deutschland: Der Unterschied, ob man nur Basis-Bildung oder höhere Bildung hat, macht 4 bis 5 Lebensjahre aus, und das hört nach oben hin nicht auf. Wir haben an meinem Institut einen Vergleich gemacht, wie alt die Mitglieder an den Akademien der Wissenschaften in mehreren Staaten geworden sind. Da haben wir sehr genaue Daten zur Verfügung, die über 100 Jahre zurückgehen und zeigen, wann die Akademiemitglieder geboren und wann sie gestorben sind. Das Ergebnis: Bis zum Jahr 1945 hatte ein Mitglied der Akademie im Alter von 60 Jahren keine höhere Lebenserwartung als jeder andere Österreicher. Den Infektionskeimen war egal, ob jemand vor seinem Namen drei akademische Titel trug oder nicht.

Fischler: Und heute hat sich das verändert, weil offensichtlich Akademiemitglieder gesünder leben als die Bevölkerung im Durchschnitt.

Lutz: Das ändert sich aber nach dem Zweiten Weltkrieg. Sobald man die Infektionskrankheiten mit Antibiotika bekämpfen kann, spielt der Lebensstil eine immer größere Rolle. Wie gesagt: Heute haben in Österreich Akademiker eine um 4 Jahre höhere Lebenserwartung als Pflichtschulabgänger. Und die Akademiemitglieder haben noch einmal um 3 Jahre mehr als die anderen Akademiker. Das heißt, Akademiemitglieder leben im Durchschnitt um 7 Jahre länger als Pflichtschulabgänger. Das war auch für uns überraschend.

Fischler: Was ist der Grund dafür?

Lutz: Wir haben mehrere Thesen geprüft, und die wahrscheinlichste ist, dass die Akademiemitglieder auch im weit fortgeschrittenen Alter geistig sehr rege bleiben, am Leben aktiv teilnehmen, mit anderen interagieren usw. Und das scheint lebensverlängernd zu wirken.

Fischler: Na ja, mit Verlaub, wie viele Mitglieder hat die Österreichische Akademie der Wissenschaften? Ein paar Hundert. Den Großteil der Bevölkerung treiben jedoch ganz andere Sorgen um. Zum Beispiel, dass viele Krankheiten erst im hohen Alter ausbrechen. Ich denke insbesondere an neurodegenerative Krankheiten wie Parkinson oder Demenz. Ich erinnere mich an eine Prognose, wonach Mitte dieses Jahrhunderts der Anteil der Menschen über 60 Jahre in Österreich bei mehr als 3 Millionen liegen und von diesen etwa jeder Zehnte von Demenz betroffen sein wird. Da kommen in Hinblick auf die Pflege der kranken Menschen ungeheure Herausforderungen auf uns zu. Daher bezweifle ich, dass der Durchschnittsösterreicher das Älterwerden als rosig empfindet.

Lutz: Ich möchte aber auch hier wieder auf die längerfristige „Macht der Bildung" verweisen. Was heißt das? Die Jungen sind heute praktisch in jedem Land der Welt besser gebildet als die Älteren. Das ist eine Folge der Bildungsexpansion der vergangenen Jahrzehnte. Daher wissen wir mit Sicherheit, dass die älteren Menschen der Zukunft besser gebildet sein werden als die älteren Menschen heute. In anderen Worten, wenn wir sehen, wie viele Akademiker es unter den 30-Jährigen heute gibt, dann wissen wir ziemlich genau wie viele 70-jährige Akademiker es in 40 Jahren geben wird. Hinzu kommt, dass die Gesundheitsbefragungen in Deutschland, Österreich und anderen Ländern einerseits, wie erwartet, zeigen, dass der Anteil der Menschen mit gesundheitlichen Beeinträchtigungen natürlich mit dem Alter zunimmt, aber gleichzeitig innerhalb jeder Altersgruppe die höher Gebildeten deutlich weniger davon betroffen sind als die weniger Gebildeten. Ein konkretes Beispiel: In Österreich sind unter den 75- bis 79-jährigen Frauen mit Pflichtschulbildung 32 Prozent gesundheitlich stark eingeschränkt, bei Frauen mit Matura sind es nur 22 Prozent und bei Akademikerinnen sogar nur 15 Prozent. Kombiniert man dieses Muster jetzt mit der Tatsache, dass die Älteren der Zukunft besser gebildet sein werden, dann sieht der erwartete Anstieg der gesundheitlichen Probleme durch das Altern der Bevölkerung weit weniger dramatisch aus, als wenn man die Bildungsstruktur nicht berücksichtigt.

Fischler: Dadurch verschiebt sich der Pflegebedarf in immer höhere Jahre.

Lutz: Genau. Wenn der Pflegebedarf später ansetzt, ist in jedem Kalenderjahr etwas gewonnen. Man nennt das

Tempo-Effekt. Außerdem schaut es so aus – das ist aber noch nicht sicher belegt – dass bei den Gutgebildeten die behinderungsfreie Lebenszeit immer länger wird. Ab einem bestimmten Alter geht es dann schnell bergab. Irgendwann stirbt man halt. Anders gesagt: Der Anteil des Lebens, wo man Pflege braucht, wird tendenziell schrumpfen. Und diese Prognosen empfinde ich durchaus als positiv. Insgesamt ist ja eine alternde Gesellschaft nicht so schlecht, wie das oft dargestellt wird.

Fischler: Daraus schließe ich, dass wir nicht primär nach dem „Alterungs-Gen" suchen sollten, sondern unser Gesellschaftssystem umbauen müssen. Ich werfe dazu einmal ein paar Fragen auf, die wir beantworten sollten: Wie soll der Bürger seinen Lebensablauf organisieren? Wie viel Zeit soll der Ausbildung gewidmet sein und wann sollte diese stattfinden? Wie viel Zeit ist der Bürger beruflich aktiv und wie schaut das Berufsleben generell aus? Es ist nicht sehr attraktiv, in der Pension gar nichts zu tun. Zum Beispiel ist es an den USA an den Universitäten längst üblich, dass Professoren nicht in Pension gehen müssen. Hingegen kann man verstehen, dass jemand der 40 Jahre lang schwer körperlich gearbeitet hat, am liebsten seine Ruhe haben und die Pension genießen möchte. Aber diese Gruppe wird immer kleiner, wenn die Bevölkerung in Zukunft immer höher gebildet wird, wie Sie es vorhersagen.

Lutz: Wir haben gegenwärtig eine, ich möchte fast sagen dumme Einteilung unserer Lebensphasen. Zunächst gibt es einen sehr langen Kindheits- und Jugendabschnitt. Danach kommen plötzlich ganz viele wichtige Dinge zusammen: Man muss sich als junger Erwachsener beruflich engagieren, man will eine Familie gründen, braucht Geld für Haus oder Wohnung und auch die kleinen Kinder beanspruchen viel Zeit – im Englischen spricht man bezeichnenderweise von der „rush-hour of life", von der Stoßzeit des Lebens. Wenn die Pension kommt – in Österreich ist derzeit mit durchschnittlich 58 Jahren Schluss – hat man plötzlich viel Zeit. Und die zuvor genannte weitere Zunahme der Lebenszeit – zweieinhalb Jahre pro Jahrzehnt – wird derzeit ganz der Pensionsphase zugeschlagen. Ob das sinnvoll ist, muss man diskutieren.

Fischler: Das heißt, wir müssen die Lebensphasen ändern und besser durchmischen: Phasen des Lernens, des Arbeitens, der Erholung wechseln einander ab und werden teilweise parallel geschaltet. Sabbaticals, Bildungskarenzen, Auszeiten u. ä. werden fixer Bestandteil der Lebensplanung.

Lutz: Ja, dass sich Phasen des Lernen und des Arbeitens abwechseln. Wir sollten auch eine Art „vorübergehender Ruhestand" andenken. Warum sollten nicht auch Männer in der Zeit, wo kleine Kinder zuhause sind, also in der „rush-hour" des Lebens, einen Teil ihrer Pensionsjahre vorkonsumieren? Später, wenn man wieder Zeit hat, arbeitet man einfach länger. Wir müssen also flexibler werden.

Fischler: Ich finde unser Gespräch sehr spannend, weil man sieht, wie verwoben alles miteinander ist. Ich würde gerne, da dieses Kapitel über weite Strecken von Gesundheit handelt, auch über die Ernährung sprechen.

Lutz: Das ist Ihr Spezialgebiet. Mich als Demograf interessieren daran zwei unterschiedliche Aspekte. Einmal ist das die Frage: Werden die Entwicklungsländer in Zukunft genügend Nahrungsmittel produzieren können, um die Menschen zu ernähren? In den nächsten Jahrzehnten wird ein erheblicher Teil des Bevölkerungszuwachses in Afrika stattfinden. Die Bevölkerung Afrikas wird sich vermutlich von derzeit 1 Milliarde bis Mitte des Jahrhunderts auf 2 Milliarden verdoppeln. Bliebe die Geburtenrate so hoch wie derzeit, rund fünf Kinder pro Frau, dann würde sie sich sogar auf 3 Milliarden verdreifachen. Die zweite Frage betrifft uns in Europa: Was ist in den Nahrungsmitteln überhaupt drinnen und welchen Nahrungsmitteln kann ich trauen?

Fischler: In Afrika wird die Frage der Quantität, also ob die Menschen mit ausreichend Nahrungsmitteln versorgt werden können, sicherlich noch mehrere Generationen lang ein Thema bleiben. Hingegen ist in Europa und Nordamerika die ausreichende Versorgung mit Nahrungsmitteln kein Problem. Im Gegenteil, wir haben über Jahrzehnte hinweg Schwierigkeiten gehabt, die Überschüsse sinnvoll loszukriegen.

Lutz: Stichwort „Butterberg".

Fischler: Richtig. Grundsätzlich sollte es jedenfalls kein Problem sein, weltweit genügend Nahrungsmittel zu produzieren. Das gilt auch für die Entwicklungsländer. Das Problem liegt zum einen in der Verteilung der Nahrungsmittel, wenn Konflikte oder politische Instabilitäten das verhindern. Zum anderen ist das auch eine Frage der Bildung: In den Entwicklungsländern produziert ein erheblicher Teil der Bauern Lebensmittel ausschließlich zur

Versorgung der eigenen Familie und nicht für den Markt. Die Subsistenzbauern sind am anfälligsten gegenüber Hungerkatastrophen. Wenn die Ernte ausfällt, geht es sofort ums Überleben. Diesen vielen Kleinbauern muss man vermitteln, wie man Lebensmittel sicher produzieren kann.

Lutz: Die wird auch der Klimawandel besonders hart treffen.

Fischler: Genau. In Mitteleuropa hingegen haben wir das gegenteilige Problem, nämlich dass wir zuviel essen. Die Menschen machen sich zwar immer darüber Gedanken, ob unsere Lebensmittel *gesund* sind. Ich bin überzeugt, dass wir noch nie in der Menschheitsgeschichte so gesunde Lebensmittel gehabt haben wie heute. Und wir geben im Verhältnis so wenig Geld für unsere Nahrungsmittel aus wie noch nie, sodass sich jeder leisten kann, was er will. Um eine Idee davon zu geben: Mitte der 50er Jahre hat ein österreichischer Haushalt noch 40 Prozent des Einkommens für Essen und Trinken ausgegeben. Jetzt sind es rund 13 Prozent.

Lutz: Aber die öffentliche Wahrnehmung ist eher, dass Lebensmittel immer ungesünder werden.

Fischler: Dafür gibt es mehrere Gründe. Zum einen haben wir heute moderne Testverfahren, die Spuren von Rückständen in den Nahrungsmitteln entdecken, die vor zehn oder zwanzig Jahren noch nicht nachweisbar waren. Zum anderen, davon bin ich auch überzeugt, gibt es heute in den Medien die Neigung, solche Dinge zu skandalisieren: Man muss also unterscheiden: Wo geht es um Scheinprobleme und wo produzieren meist kriminelle Kräfte tatsächlich gefährliche Skandale. Man braucht sich z.B. nur an den belgischen Dioxinskandal erinnern, wo ein belgischer Futtermittelhersteller hochgiftiges Altöl aus Transformatoren über die Lebensmittelkette „entsorgt" hat.

Lutz: In Österreich das Glykol im Wein …

Fischler: Ein gutes Beispiel. Aber der Weinskandal liegt 30 Jahre zurück und man kann an diesem Beispiel sehen, wie lange solche Dinge nachwirken.

Lutz: Mir fällt auch die BSE-Krise ein, die fast 20 Jahre her ist. Das war Ihre Zeit als EU-Kommissar. Die Medien waren voll mit Berichten über verrückte Rinder und einige Todesfälle bei Menschen, damals herrschte in ganz Europa Panik, und der Verkauf von Rindfleisch ist völlig eingebrochen. Heute redet kein Mensch mehr von BSE.

Fischler: Ich glaube, bei der BSE-Krise war die Verunsicherung deshalb so groß, weil niemand wusste, wie groß das Risiko ist und was es bedeutet? BSE hatte es ja in Großbritannien schon jahrelang gegeben. Man wusste, dass BSE aus einer Schafkrankheit entstanden war, weil man Schlachtabfälle von Schafen zu Fleischmehl vermahlen und dieses Kraftfutter den Hochleistungsmilchkühen verfüttert hatte. Man kann es nicht anders als einen Wahnsinn bezeichnen, dass man aus Pflanzenfressern Fleischfresser machte. Bei den Schafen hatte es schon seit Jahrhunderten eine Krankheit gegeben, die als *Scrapie* bekannt war und die keine Probleme beim Menschen verursacht hatte. Und daher dachte man: Wenn diese Krankheit nun auf das Rind übertragen wurde, ist das schlecht für die Rinder, aber für den Menschen ungefährlich. Plötzlich stellt sich heraus, dass die Krankheit auch für den Menschen gefährlich ist. Der Grund dafür war, dass bei der Übertragung vom Schaf aufs Rind sich die Krankheitserreger, die sogenannten Prionen, verändert haben. Und diese lösten dann beim Menschen das Creutzfeld-Jacob-B-Syndrom aus.

Lutz: Wie sind Sie als EU-Landwirtschaftkommissar damit umgegangen?

Fischler: Zunächst hat die Nachricht von der Übertragbarkeit auf den Menschen einen großen Schock ausgelöst. Im März 1996 hat mich der britische Landwirtschaftsminister in Brüssel angerufen und gesagt: Er sei mit dem Gesundheitsminister auf dem Weg ins britische Parlament und dort müssten sie verkünden, dass ihre bisherige These, dass BSE nicht auf den Menschen übertragbar wäre, nicht mehr haltbar sei. Am nächsten Tag sehe ich in dem britischen Boulevardblatt *Sun* die riesige Headline: „Hunderttausende tragen den Todeskeim in sich."

Lutz: Das hat die Leute natürlich aufgeschreckt!

Fischler: Na klar, wenn man die Bilder von den torkelnden Rindern im Fernsehen gesehen hat! Aber wie gesagt, gewusst haben wir über die Krankheit zu diesem Zeitpunkt kaum etwas. Sicher war nur, dass der Großteil der Prionen in Hirn und Rückenmark des Rindes vorkommt.

Lutz: Bis dahin war auch bei uns gebratenes Hirn eine Delikatesse. Das hat sich ganz aufgehört.

Fischler: Ich würde auch heute niemandem empfehlen, Rinderhirn zu essen, oder auch nicht aus Knochen mit Rückenmark Rindsuppe zu kochen. Aber damals habe ich mich gefragt: Wie gelangen eigentlich die Erreger aus dem Rinderhirn in den Menschen? Und die Antwort ließ nicht lange auf sich warten. Die britische Fleischindustrie hat für die billigen Burger auch Dinge verwendet, die wir als Abfälle betrachten. So wurde auch Rinderhirn in das faschierte Fleisch hineingemanscht und auf diesem Weg gelangten die Erreger in den Menschen. Als zuständiger Politiker war diese Zeit für mich wie das Steuern eines Fahrzeugs durch dichten Nebel. Wir wussten einfach zu wenig, aber es mussten Entscheidungen gefällt werden.

Lutz: Was haben Wissenschaftler empfohlen?

Fischler: Ich habe natürlich Experten kontaktiert. Und einen Schweizer Wissenschaftler, der einer der Mitentdecker der Prionen war, habe ich direkt gefragt: „Was würden Sie empfehlen?" Seine Antwort war lediglich, dass man keine Rinderköpfe mehr in den Lebensmittelkreislauf bringen sollte.

Lutz: Hier hatten wir ein unbekanntes Risiko, das die Menschen sehr verunsicherte. Aber das ist auch beispielsweise beim Handy so, und das Risiko kümmert kaum jemanden: Wir telefonieren jeden Tag stundenlang und halten dabei das Handy ans Ohr, und niemand weiß wirklich, ob und welche Auswirkungen das auf unser Gehirn hat. Trotzdem verzichtet niemand aufs Handy. Bei Lebensmitteln ist das anders, da scheinen die Menschen sehr viel sensibler zu reagieren.

Fischler: Bei Lebensmitteln, da haben Sie recht, sind wir sensibel. Das ist auch verständlich, weil es mit unserem Überlebenstrieb zu tun hat. Aber noch einmal sei es gesagt: Lebensmittel waren noch nie so gesund wie heute. Unser Problem ist nicht die Qualität, sondern dass viele Menschen zu viel essen und zu viel vom Falschen essen. Jetzt sind wir schon wieder bei der Bildung. Ich glaube, dass wir schon im Kindergarten beginnen müssten, den Kleinen eine gesunde Ernährungsweise beizubringen.

Lutz: Das ist ein sozialpolitischer Auftrag, hier etwas zu ändern. Das betrifft nicht nur Kinder, sondern auch Erwachsene. Ich möchte das mit einer persönlichen Geschichte darlegen, was ich meine. Mein erster Job nach dem Statistikstudium war eine Karenzvertretung am finnischen statistischen Zentralamt. Finnland hatte lange Zeit bei Männern ein großes Problem mit Herzkreislauf-Erkrankungen, daher hatte man schon früh auf gesunde Nahrung geachtet. Es gab in den Kantinen überall riesige Salatbuffets und auch sonst gutes und gesundes Essen. Das haben selbst stämmige Männer genommen, weil sie sich im Laufe der Zeit daran gewöhnt haben. Ich kam dann zurück an das österreichische Statistische Zentralamt und suchte in der Kantine vergeblich nach einem Salatteller, aber das ganze Essen hat vor Fett getrieft. Ich habe dann einmal zum Koch gesagt: „Gibt es denn nicht wenigstens *ein* gesundes Essen?“ Und seine Antwort: „Wir tischen auf, was die Leute gerne essen.“

Fischler: Das ist eine Anekdote mit sehr ernstem Hintergrund. Wir müssen bedenken, dass heute, bedingt durch die Berufstätigkeit der Frauen, viele Menschen wenigstens einmal am Tag auswärts essen. Das heißt, dass die Quali-

die *Entsorgung*. In Zusammenhang mit dem Klimawandel ist vor allem die Kohlendioxid-Entsorgung zu nennen.

Fischler: Wir sollten an dieser Stelle erwähnen, was Klimawandel überhaupt bedeutet. Als Lead-Autor des IPCC-Berichts möchte ich das gerne Ihnen überlassen, Herr Lutz.

Lutz: Klimawandel bedeutet, ganz klar, dass sich weltweit das Klima aufgrund der erhöhten Kohlendioxidkonzentration in der Atmosphäre verändert. Das geht auf lang bekannte physikalische Grundlagen zurück, die man auch oft als Treibhauseffekt bezeichnet. Je nachdem, um wie viel das Klima der Erde wärmer wird, werden auch die Auswirkungen unterschiedlich sein. Je nach Prognose und Szenario wird die Erwärmung bis zum Ende dieses Jahrhunderts zwischen (grob gesprochen) 1 Grad und 6 Grad Celsius betragen. Der neueste IPCC-Report sagt uns, dass ohne umfangreiche zusätzliche Maßnahmen zur Emissionsvermeidung bis zum Jahr 2100 im globalen Mittel ein Temperaturanstieg von 3 bis 5 Grad Celsius im Vergleich mit dem ersten Jahrzehnt des 20. Jahrhunderts zu erwarten ist.

Was das bedeutet, zeigt ein Vergleich: Die schnellste natürliche Erwärmung in den vergangenen 10.000 Jahren betrug 1 Grad Celsius pro 1000 Jahre. Wir schaffen in 150 Jahren das Mehrfache, das zeigt schon die Dramatik. Was bedeutet das konkret? Das politische Ziel ist es, die Erderwärmung bis zum Ende des Jahrhunderts auf maximal 2 Grad mehr gegenüber dem vorindustriellen Niveau zu begrenzen.

Das würde erfordern, dass wir mittelfristig die weltweite Kohlendioxidproduktion massiv verringern. Je früher das geschieht, desto größer ist die langfristige Wirkung. Das erfordert eine dramatische Umstellung des Energiesektors.

Erschwert wird das durch die schon beschriebene Entwicklung in den Schwellenländern, die heute noch viel weniger Energie pro Kopf verbrauchen als wir, aber sicher ihren Verbrauch pro Kopf steigern werden, sodass der weltweite Energiekonsum noch drastisch steigen wird. Hinzu kommen Effekte wie eine veränderte Landnutzung und die Abholzung der Regenwälder.

Selbst wenn wir die Erderwärmung unter 2 Grad Celsius halten können – was von vielen Experten zunehmend bezweifelt wird – werden die Folgen der Klimaänderung gravierend sein. Um nur einige Beispiele zu nennen: In den Ländern rund ums Mittelmeer werden die Sommer viel trockener werden. Der Meeresspiegel wird weiter ansteigen, die tropischen Wirbelstürme werden an Häufigkeit und Stärke zunehmen. Was das für die vielen großen Küstenstädte dieser Erde, für Länder wie Bangladesh und die Malediven bedeutet, können wir uns ausmalen.

Fischler: Hinzu kommt, wenn wir von durchschnittlich 2 Grad Celsius globaler Erwärmung sprechen, ist diese nicht über die ganze Welt gleich verteilt. Einige Regionen wird es viel stärker treffen als andere. In den am meisten betroffenen Ländern kann die Erwärmung wesentlich höher sein.

Lutz: Durchaus 6 Grad Celsius.

Fischler: Derzeit stehen wir bei einer weltweiten durchschnittlichen Erwärmung von 0,7 Grad Celsius. Wenn ich mir die Statistiken von der Münchner Rückversicherung anschaue, das ist die größte Naturschadensrückversicherungsgesellschaft der Welt, dann hat sich in den letzten paar Jahren das Ausmaß der Schadereignisse mehr als verdoppelt. Schon jetzt! Ich glaube, dass viele Menschen das Problem gewaltig unterschätzen, weil sie glauben, dass 2 Grad Celsius nahezu vernachlässigbar wären.

Lutz: Ja, das Problem ist auch, dass die Effekte selbst kleinräumig stark differenziert sein können und das ist noch sehr schwer vorauszusagen. Aber es gibt jetzt ja auch einen großen neuen Klimabericht für Österreich, der hier gut den Stand des Wissens zusammenfasst. In Österreich ist die Temperatur in der Periode seit 1880 um nahezu 2 Grad Celsius gestiegen, also mehr als doppelt so schnell wie der globale Durchschnitt. Ein weiterer Temperaturanstieg in Österreich ist mit hoher Wahrscheinlichkeit zu erwarten und wird in der ersten Hälfte des 21. Jahrhunderts etwa 1,4 Grad Celsius gegenüber dem derzeitigen Niveau betragen. Auch die Temperaturextreme haben sich markant verändert, so sind z. B. kalte Nächte seltener, heiße Tage aber häufiger geworden. Im 21. Jahrhundert wird sich diese Entwicklung verstärkt fortsetzen und damit auch die Häufigkeit von Hitzewellen. Es ist eine Zunahme der Niederschläge im Winterhalbjahr und eine Abnahme im Sommerhalbjahr zu erwarten. In Gebirgsregionen nehmen Rutschungen, Muren und Steinschlag deutlich zu. Die Experten gehen davon aus, dass die ökonomischen Auswirkungen des in Österreich erwarteten Klimawandels überwiegend durch solche Extremereignisse und extreme Witterungsperioden bestimmt werden. Aber auch der Wintertourismus wird durch den stetigen Temperaturanstieg weiter unter Druck kommen. Im Vergleich mit naturschneesichereren Destinationen drohen vielen österreichischen Schigebieten Nachteile durch steigende Beschneiungskosten, wenn das überhaupt noch möglich ist, da man dazu ja auch frostige Nächte braucht.

Fischler: Ich möchte *trotzdem* an dieser Stelle die Frage aufwerfen: Wie wahrscheinlich sind die Szenarien des IPCC? Denn beim Umweltschutz gibt es auch viele Erfolgsstorys, und daran klammern sich viele Entscheidungsträger. Ich erwähne als Beispiel den Sauren Regen und das Waldsterben, beides konnten wir stoppen. Die Seen waren in den 1980er Jahren zum Teil am Kippen, heute haben die österreichischen Seen meist Trinkwasserqualität.

Lutz: Diese Gefahren waren alle nahe und sichtbar genug. Die konnten wir wahrnehmen. Niemand will in schmutzigen Seen baden. Da haben auch die Kommunen im Eigeninteresse reagiert und wir konnten schnell sehen, was Ringkanalisationen und Kläranlagen bewirken. Beim Sauren Regen hatte man die Schäden auch drastisch vor Augen und gleichzeitig kannte man relativ einfache, technische Lösungen zur Entschwefelung.

Fischler: Obwohl das zu Beginn schon schockierend war. Ich habe in Tschechien im Fichtelgebirge mit eigenen Augen gesehen, wie ganze Wälder abgestorben waren. Wie nach einem Bombenangriff, nur mehr ein Trümmerfeld. Das war in den 1970er und 1980er Jahren und hatte hauptsächlich mit der Braunkohle zu tun, mit der die Tschechen ihre Kraftwerke betrieben. Durch die Entschwefelung der Abgase und den Einbau von Filtern haben die Industrieländer das Problem relativ schnell in den Griff bekommen.

Lutz: Das war der Vorteil vom Sauren Regen – im Unterschied zum Kohlendioxid –, dass die Auswirkungen regional begrenzt waren und dass man die Folgen schnell anschaulich gesehen hat. Ganze Wälder tot! Und die technischen Mittel zur Lösung des Problems waren bekannt und leistbar. Deswegen bin ich auch für China recht optimistisch. Die Umweltverschmutzung dort ist gegenwärtig riesig. Aber ich habe keine Zweifel, dass sich das in den nächsten zehn bis zwanzig Jahren ändern wird, einfach weil der Dreck in der Luft und im Wasser die Lebensqualität der Menschen so stark mindert. Gleichzeitig wird das Land so reich, dass es sich die Gegenmaßnahmen leisten kann.

Fischler: Das Problem mit dem Klimawandel ist, dass man das Kohlendioxid nicht sieht, nicht riecht, gar nichts. Niemand fühlt sich in seiner Lebensqualität durch diese Umweltverschmutzung eingeschränkt.

Lutz: Und die Folgen treten erst in Zukunft irgendwo auf der Welt auf – oft nicht hier bei mir, nicht wo ich wohne. Das ist daher für die meisten Menschen bloß ein theoretisches Problem. Beim Ozonloch, das bis vor einigen Jahren groß in den Medien war, aber inzwischen wieder aus den Nachrichten verschwunden ist, war das ähnlich theoretisch, weil sich das Loch in der Atmosphäre irgendwo über dem Nordpol oder über dem Südpol öffnete. Aber auch hier kannte man den *einen* Täter: die Fluorchlorkohlenwasserstoffe aus den Spraydosen. Und auch hier gab es kostengünstige Alternativen, sodass uns die nötigen Änderungen nicht weh taten. Derart haben wir das Ozonloch-Problem tatsächlich unter Kontrolle gebracht – der Patient ist auf dem Weg der Besserung. Mit dem Kohlendioxid ist das anders – da gibt es keine einfache und billige Lösung: Entweder müssen wir unseren liebgewordenen Lebensstil ändern, oder wir brauchen alternative Technologien, die es noch nicht am Markt gibt. Auf alle Fälle werden die Umstellungen fundamental und teuer sein. Das macht es schwierig: Zum einen nehmen wir die Gefahr nicht unmittelbar wahr, sodass es noch immer Menschen gibt, die – oft auch von der mächtigen Öl-Lobby gesponsert – den Klimawandel anzweifeln. Zum anderen gibt es massive internationale Interessensunterschiede. Beispielsweise müssen nicht jene Länder, welche die Hauptverursacher sind, die größten Gefahren erwarten. Und die Entwicklungsländer haben natürlich ein Recht auf weitere Entwicklung. Das wird mit den gegenwärtig verfügbaren Technologien unweigerlich zu einem höheren globalen Kohlendioxid-Ausstoß führen. Hier besteht ein echter Konflikt zwischen Klima und Entwicklung.

Fischler: Die Natur macht es uns aber auch nicht leicht – wenn ich das so salopp formulieren darf. Ökosysteme sind imstande, über einen gewissen Zeitraum hinweg Schädigungen wegzustecken, sie sind *gepufferte Systeme*, wie man das nennt. Aber irgendwann ist Schluss, und wenn ich den *tipping point* verpasse, dann habe ich auf einmal ein riesengroßes Problem. Das heißt, wir müssen rechtzeitig bremsen, bevor wir in den Abgrund stürzen. Bloß, wie mache ich das den Menschen klar, dass der Abgrund näher kommt, wenn man das Kohlendioxid nicht sieht und nicht riecht? Also die Problematik mit dem Kohlendioxid und dem Klimawandel ist meines Erachtens viel, viel, viel größer als damals mit dem Schwefeldioxid und dem Waldsterben.

Lutz: Unbestritten! Hinzu kommt, dass sich der Klimawandel nicht linear vollzieht, sondern irregulär durch diverse Puffer und mittelfristige Dämpffaktoren. Derzeit erhöht sich die Erderwärmung etwas weniger als die Klimamodelle vorhersagen. Dafür gibt es zwei Erklärungen: Einmal ist es die riesige Abgaswolke über Asien, die das Sonnenlicht reflektiert, das ist absurderweise die Umweltverschmutzung. Wir hoffen natürlich und erwarten, dass die Chinesen die Luftverschmutzung reduzieren werden, aber dann ist dieser bremsende Effekt weg. Das haben die Wissenschaftler inzwischen verstanden und in ihre Modelle mit einberechnet. Eine Variable, die man noch nicht wirklich in Griff hat, sind die Ozeane. Es scheint so, dass in den Tiefen der Ozeane mehr Wärme absorbiert wird, als man bisher in die Modelle eingerechnet hat. Und daher dürfte die gemessene Erderwärmung derzeit geringer sein, als die Modelle vorhergesagt haben. Hier wirken die Ozeane als Puffer, wie Sie das zuvor genannt haben. Aber die Wärme wird ja nur gespeichert und hat dann Auswirkungen, die wir nicht kennen, zum Beispiel auf Meeresströmungen, auf den Austausch von Oberflächen- und Tiefenwasser etc. Also die Energie bleibt schon auf der Erde und wird später zur Erwärmung führen. Und so kann es sein, dass plötzlich in einem Schwall die Auswirkungen stark zu spüren sind.

Fischler: Die andere große Unbekannte sind die Gletscher, vor allem das Abschmelzen des Grönlandeises.

Lutz: Da gibt es sehr besorgniserregende Hinweise in letzter Zeit. Dort scheint das Eis schneller zu schmelzen, als die Modelle vorgesagt haben.

Fischler: Der jüngste Klimabericht enthält auch eine besondere Warnung für den Alpenraum. Der Klimawandel nimmt mit ansteigender Meereshöhe stärker zu als bisher gedacht. Für die Tourismusregionen in Österreich, Bayern und der

Schweiz ist das eine wichtige neue Erkenntnis, die schon heute bei der Genehmigung von Pisten und Seilbahnen in die Planung und Entscheidungsfindung einfließen müsste.

Lutz: Aber man muss schon sagen: Am stärksten betroffen werden die armen Länder sein, die selbst am wenigsten zum Klimawandel beitragen. Dagegen scheinen vor allem die Staaten im Norden vom Klimawandel eher zu profitieren. Mit der Folge, dass beispielsweise Kanada aus dem Kyoto-Protokoll ausgetreten ist.[7]

Fischler: Schade! Gerade Kanada war anfangs sehr engagiert im Klimaschutz.

Lutz: Ja, aber es hat im Jahr 2011 eine neue Regierung bekommen, die festgestellt hat: Uns hilft die Klimaerwärmung mehr als sie schadet. Und so hat man sich von den zwischenstaatlichen Verpflichtungen verabschiedet. Das ist natürlich nationaler Egoismus. Wenn man sich mit anderen Ländern solidarisch zeigte, müsste man klar sagen: Die Welt hat vom Klimawandel sehr viel zu befürchten. Das Problem ist, dass unser ganzes internationales System darauf aufbaut, dass alle Staaten letztlich ihre nationalen Egoismen verfolgen und dass sie kooperieren, wenn das zu ihrem jeweiligen Vorteil ist. In vielen Fällen gewinnen auch alle Seiten von Kooperation. Das gilt eindeutig bei der Vermeidung von Kriegen. Beim Klimawandel ist das noch nicht klar.

---

7 Übereinkommen der Vereinten Nationen über Klimaänderungen. Wurde im Dezember 1997 in der japanischen Stadt Kyoto mit dem Ziel des Klimaschutzes beschlossen. Trat 2005 in Kraft. Darin legten insb. die Industrieländer verbindliche Ziele zur Reduktion des Treibhausgas-Ausstoßes fest.

Fischler: Aus diesem Grund sind auch die Bemühungen um ein neues Klimaabkommen ins Stocken geraten. Ende 2015 wird sich in Paris entscheiden, ob die Völkergemeinschaft imstande ist, vernünftig auf den Klimawandel zu reagieren.

Lutz: Langfristig, glaube ich, ist die einzig wirklich tragfähige, gerechte Lösung, dass jeder Erdenbürger das gleiche Recht auf die Atmosphäre und das gleiche Recht zur Verschmutzung dieser hat. Man könnte einen Mechanismus etablieren, in dem diejenigen, die mehr verschmutzen, denjenigen, die ihr Recht nicht voll ausnützen, eine Kompensation zahlen.

Fischler: Dieses Prinzip kann ich durchaus nachvollziehen. Aber freiwillig wird die Konsequenzen kaum jemand auf sich nehmen und daher sind solche Ideen politisch nur schwer durchsetzbar. Um das zu veranschaulichen: Wir müssten weltweit die Treibhausgas-Emissionen um 50 bis 60 Prozent zurückfahren, um eine Erderwärmung um 2 Grad Celsius nicht zu überschreiten. Und jetzt stelle man sich vor: Die durchschnittliche Pro-Kopf-Emission der ärmsten Staaten liegt bei einer Tonne Treibhausgase pro Jahr. In China bei 6 Tonnen, in Europa bei 10 Tonnen und der Durchschnitts-Amerikaner emittiert 20 Tonnen. Das heißt doch, wenn wir den armen Ländern der Welt eine Chance zur Entwicklung lassen wollen, dann können wir von diesen Staaten nicht dieselbe Reduktion verlangen wie von uns selbst. Für die Umsetzung bedeutet das: Die hochentwickelten Staaten müssen ihre Emissionen um 80 Prozent zurückfahren, damit das globale Ziel erreicht werden kann. Aber zur Zeit kann sich kaum ein Politiker vorstellen, wie er das zuhause durchsetzen soll.

Lutz: Die Hoffnung liegt in der Technologie.

Fischler: Die Hoffnung, ja! Ernst Ulrich von Weizsäcker spricht von der *Faktor X*-Technologie. Das heißt, er will mit demselben Energie-Input ein Vielfaches an Output produzieren. Wir sind etwa beim Faktor 10- bis 15-Fachen angelangt. Es geht also nicht darum, dass wir z. B. auf Mobilität verzichten müssen, sondern dass wir diese viel effizienter sicherstellen.

Lutz: Bei diesem Thema stehen ja die Umweltschutzorganisationen und die Entwicklungsorganisationen in einem Konfliktverhältnis. Hier kollidiert das Recht auf Entwicklung mit dem Wunsch, die Umwelt möglichst wenig zu schädigen und möglichst wenig Kohlendioxid auszustoßen. Auf den großen UN-Konferenzen trifft man dann Vertreter, welche eine extreme Umweltperspektive einnehmen und am liebsten hätten, dass die armen Leute arm bleiben, weil sie dann keine Treibhausgase ausstoßen. Auf der anderen Seite stehen die Verfechter der Millenniums-Entwicklungsziele. Diese unterschiedlichen Gruppen treffen auf den Weltkonferenzen zur Nachhaltigen Entwicklung, die von der UNO alle zehn Jahre veranstaltet werden, zusammen. Die erste, berühmte Konferenz war im Jahr 1992 in Rio de Janeiro, wo ich auch dabei war. Dort kamen relativ gute Kompromisse zustande, wie zum Beispiel das einzige bislang bindende Klimadokument. Darin hat sich die Weltgemeinschaft verpflichtet, „gefährliche" Veränderungen des Klimas zu vermeiden. Es wurde aber nicht genau definiert, was man unter „gefährlich" verstehen soll. Zehn Jahre später gab es dann die nächste große Konferenz in Johannesburg, wo ich auch wieder stark involviert war, weil ich ein vorbereitendes Wissenschaftler-Panel zum Thema *Bevölkerung und nachhaltige Entwicklung* geleitet habe. Es war allen klar, dass ein exzessives Bevölkerungswachstum für die Umwelt ein großes Problem darstellt, aber nicht mit Zwangsmaßnahmen das Bevölkerungswachstum bekämpft werden sollte. Wir haben darauf hingewiesen, dass eine verbesserte sozioökonomische Entwicklung und besonders die Bildung der Frauen zu weniger Kindern führt. Wir hatten die Erkenntnisse auch schon in den wichtigen wissenschaftlichen Journalen wie *Nature* und *Science* publiziert und mit den EU-Delegationen besprochen gehabt, und das Thema Bevölkerung sollte in das entscheidende Schlussdokument der UN-Konferenz eingehen. Was passierte? Das Thema *Bevölkerung* wurde aus der Diskussion zurückgezogen, weil die Europäer mit den Amerikanern nicht auch noch über das Thema Abtreibung streiten wollten. Das war sehr lehrreich für mich, was da an Ideologien mit hineinspielt!

Fischler: Ich erinnere mich! Es gab damals nicht nur in den USA, sondern auch im Vatikan Vermutungen, dass es sich hier um eine Weltverschwörung handeln könnte. Dass das Argument vom Klimawandel von den Freimaurern dieser Welt dazu genutzt werden sollte, endlich eine Geburtenkontrolle durchzusetzen! Bei solch komplexen Themen sprießen viele Verschwörungstheorien.

Lutz: Die bislang letzte dieser UN-Konferenzen fand im Jahr 2012 wieder in Rio de Janeiro statt …

Fischler: Rio II.

Lutz: Und dort blühte ein neuer Zweckoptimismus auf unter dem Begriff *Green Growth*. Also Grünes Wachstum. Dass es möglich sein sollte, Wirtschaftswachstum und Umweltschutz durch neue, energieschonende Technologien zu verbinden. Dass man sich weiter wirtschaftlich entwickeln kann, und auch die armen Länder Wohlstand entwickeln können. Das klingt im Prinzip nach der perfekten Lösung. Der Haken daran ist: Viele dieser Technologien gibt es noch gar nicht.

Fischler: Der Denkansatz von *Green Growth* war schon gut. Den haben auch die Europäer in ihre EU-2020-Strategie[8] eingebaut. Mit dieser Strategie hat man zum ersten Mal eine Qualifizierung des Wachstums vorgenommen. Das heißt, die Europäischen Staaten sollten in Zukunft nach 3 Qualitätsmerkmalen wachsen: *smart*, *inclusive* und durch *green growth*. Wobei man für das Grüne Wachstum die sogenannten „20-20-20-Ziele" formuliert hat. Das heißt, man will bis zum Jahr 2020 erreichen, dass die Treibhausgasbelastung um 20 Prozent weniger wird, dass der Anteil an erneuerbarer Energie auf 20 Prozent steigt und dass die Energieeffizienz um 20 Prozent zunimmt.

Lutz: Da nimmt die EU eine herausragende Rolle ein.

Fischler: Wir müssen uns aber bewusst sein, dass das bestenfalls ein Einstieg in den Ausstieg sein kann, also noch keine Lösung des Problems ist. Man muss überlegen, welches Bündel an Maßnahmen geeignet ist, um die gesteckten

---

8 „Europa 2020" ist ein Wirtschaftsprogramm der Europäischen Union. Ziel ist ein „intelligentes, nachhaltiges und integratives Wachstum".

Ziele zu erreichen. Leider gibt es die neuen Technologien, die Sie erwähnt haben, zu einem Gutteil noch nicht. Aber es macht Sinn, dass man dahingehend investiert und forscht. Einer anderen Möglichkeit, die man lange Zeit verfolgt hat, wird heute kaum noch eine Chance gegeben, dem Emissionshandel. Vor allem in Europa hat man auf den Zertifikatshandel gesetzt. Das heißt, die Treibhausemissionen aller Energiegroßverbraucher werden gemessen und finanziell belastet. Gleichzeitig werden Zertifikate ausgegeben, die handelbar sind und jedes Jahr soweit reduziert, dass die Reduktionsverpflichtungen eingehalten werden. Firmen, die ihre Emissionen stärker reduzieren als verlangt, können ihre Mehrleistungen an andere Firmen verkaufen, sodass sich Treibhausgasreduktion rechnet. Leider hat man zu Beginn zu viele Zertifikate kostenlos ausgegeben und das hat zu einem völligen Preisverfall der Zertifikate geführt. Am Anfang hat 1 Tonne Kohlendioxid zirka 30 Euro gekostet, heute wird 1 Tonne um 3 oder 4 Euro gehandelt.

Lutz: Das Prinzip ist schon gut. Man setzt marktwirtschaftliche Instrumente ein, um dem Klimaproblem beizukommen. Und gleichzeitig könnte man dadurch ein entwicklungspolitisches Ziel erreichen – nämlich armen Ländern zu helfen, wenn man diesen überschüssige Kohlendioxid-Zertifikate abkauft, weil sie nicht so viel Treibhausgase emittieren wie ihnen zusteht. Aber jetzt taucht ein weiteres Problem auf. Seit die USA Schiefergas durch *Fracking* produzieren, sind die Energiepreise dort extrem niedrig. Das bringt auch Europa im globalen Wettbewerb in Zugzwang.

Fischler: Ich kann mir vorstellen, dass mit der Zeit umweltverträglichere Fracking-Technologien entwickelt werden.

Aber die Kohlendioxid-Belastung wird damit nur noch weitersteigen. Und auf der anderen Seite des Erdballs sitzen die Chinesen auf den größten Kohlenvorräten der Welt und haben einen gewaltigen Energiehunger. Und niemand wird China davon abhalten, diese Energieressourcen zu nutzen. Nachdem auch Atomenergie meiner Meinung nach aus vielen Gründen keine taugliche Lösung ist, bleibt nur, an den erneuerbaren Energiequellen und an der Effizienzsteigerung festzuhalten.

Lutz: Vielleicht haben Sie schon gemerkt, dass ich eigentlich ein optimistischer Mensch bin. Aber bei der Frage der Vermeidung des Klimawandels bin ich pessimistisch. Und weil wir davon ausgehen müssen, dass ein gewisses Ausmaß des Klimawandels bereits unvermeidlich ist, hat sich der jüngste IPCC-Bericht intensiv auch mit den Anpassungsmöglichkeiten an den Klimawandel beschäftigt. Es geht also um die Schadensminimierung, was können wir tun, damit möglichst wenig Menschen getötet werden, damit nicht ganze Großstädte durch Wirbelstürme zerstört oder überflutet werden usw. Natürlich bedeutet auch ein starker Klimawandel von mehr als 2 Grad Celsius nicht das Ende der Menschheit oder der menschlichen Zivilisation. Der Klimawandel wird uns sicher großen Schaden zufügen, aber er wird die Menschheit nicht ausrotten. Wir Menschen sind so zäh wie Ratten, die auch in allen Klimazonen und unter sehr unterschiedlichen Bedingungen überleben können.

Kapitel VIII.

Globale Politik

Fischler: Es ist unumgänglich: Globale Probleme erfordern globale Regeln. Globale Probleme bekommt man nicht *national* in den Griff. Wir sollten daher darüber diskutieren: Welche Vorstellungen haben wir von einer „Global Governance"? Ich habe diesen Ausdruck absichtlich in Anführungszeichen gesetzt, weil er gerne zu Missverständnissen führt. Kein Mensch denkt daran, eine Weltregierung oder eine Weltbehörde zu installieren, die Verfügungen trifft, an die sich alle zu halten haben. So etwas sieht man manchmal in Science Fiction-Filmen, und dort gehört das auch hin. In der Praxis muss man sich auf Prinzipien und Regeln verständigen, und die Exekutive dieser Übereinkünfte muss einerseits in Eigenverantwortung der Staaten und andererseits in Verbindung mit einem gemeinsamen Netzwerk ausgeführt werden, wo man wechselseitig aufeinander aufpasst, dass keiner auf den vereinbarten Wegen eine „Abkürzung" nimmt. So wie es nach dem Zweiten Weltkrieg war, als die Bretton Woods-Institutionen entstanden sind, die Weltbank und der Internationale Währungsfonds …

Lutz: Und die Vereinten Nationen.

Fischler: Wir stehen heutzutage vor so vielen globalen Problemen und nächstes Jahr ist ein entscheidendes Jahr. Die UNO möchte die „Sustainability Goals" beschließen, die an die Stelle der Millenniumsziele treten sollen, in Paris soll das neue Weltklimaabkommen beschlossen werden und in Addis Abeba neue Abmachungen über die Entwicklungsfinanzierung getroffen werden. Aber kann man das der UNO überhaupt zutrauen?

Lutz: Die UNO ist eine Nachkriegsgeburt, die auf den Konzepten des 19. Jahrhunderts basiert: dass die nationalstaatliche Souveränität aller Staaten absolut und unantastbar ist. Heute stellt sich aufgrund der globalen Probleme die Frage, ob wir dieses Konzept nicht ändern müssen? Ich glaube, längerfristig braucht die Welt so etwas Ähnliches, was wir in der Europäischen Union schon mit dem Europäischen Parlament haben. Eine Art parlamentarischer Weltrepräsentanz. Die UNO sagt zwar: *We the peoples of the world.* Aber richtig müsste es lauten: *We the governements.* Also die UNO vertritt nicht repräsentativ die Weltbevölkerung, sondern die nationalen Regierungen, oder anders gesagt, die nationalen Egoismen. Genau wie der Europäische Rat, der sich aus den Regierungschefs zusammensetzt. Und da gibt es das europäische Parlament als Gegengewicht. So etwas fehlt auf globaler Ebene.

Fischler: Völlig richtig. Hinzu kommt, dass bei der UNO in wichtigen Fragen die *Konsensregel* gilt. Mit der Konsequenz, dass der größte Bremser die Geschwindigkeit des Zuges bestimmt.

Lutz: Das ist im Europäischen Parlament nicht so. Dort zählen Mehrheiten. Anfangs war dieses EU-Parlament eher eine moralische Instanz, sie ist aber zu einer ganz maßgeblichen Kraft geworden. Ich bin überzeugt, dass wir auch auf globaler Ebene so eine Art Gegengewicht zu den Regierungsvertretern brauchten, eine moralische Stimme der Repräsentanz der Völker dieser Welt. So ein „Weltparlament“, kann natürlich nicht über Nacht entstehen, aber man könnte damit beginnen, einzelne Abgeordnete aus demokratisch gewählten nationalen Parlamenten in so ein globales Gremium zu delegieren.

Fischler: Wir müssen sicherlich die absolute Unantastbarkeit der Nationalstaaten hinterfragen. Und ich stimme Ihnen zu: Das Konzept der Europäischen Union ist dafür eine große Chance. Die EU, wenn wir sie zeitgerecht weiterentwickeln, kann sowohl ein Referenzmodell für die UNO, aber auch für die Governance anderer Kontinente werden. Ich orte auch einen Nachdenkprozess in diese Richtung. Das erkennt man daran, dass sich dazu nicht nur Politiker und Politikwissenschaftler äußern, sondern auch Literaten wie Robert Menasse oder der Philosoph Jürgen Habermas. Ich hoffe, dass von Europa schon bald eine Initiative für die globale politische Entwicklung ausgeht.

Lutz: Es gibt sicherlich Themen, welche die Schaffung dieser Art globales Parlament forcieren könnten. Ich habe es schon vorhin erwähnt: Bei der Klimaerwärmung wäre eine globale moralische Autorität dringend notwendig, um die nationalen Egoismen zu überwinden. Bei anderen Themen könnte man auf Basis eines Ausbaus der bestehenden Mechanismen zwischen Regierungen mehr erreichen. Zum Beispiel bei Steuerflucht. Das hat insgesamt massive negative Auswirkungen auf alle Staaten. Im Prinzip sollten alle, außer den Steueroasen selbst, ein Interesse haben, Steueroasen auszutrocknen. Nur muss man es in einer akkordierten

Aktion aller wichtigen Länder machen. Ähnliches gilt für die durch und durch sinnvolle Finanztransaktionssteuer.

Fischler: Ich habe mich schon als Politiker jahrelang dafür eingesetzt, wobei mir eine globale Finanztransaktionssteuer vorgeschwebt ist. Mit dem Untergang des Kommunismus und dem darauf Bezug nehmenden Buch von Francis Fukuyama über „Das Ende der Geschichte" haben die großen Finanzakteure kapiert: Jetzt ist ihre Stunde gekommen! Jetzt ist die Deregulierung der Finanzmärkte rasant voranzutreiben. Diesen Leuten war klar: Jetzt legen sie die Weichen für das große Geschäft. Tatsächlich kam es dann fast nur bei den Finanzmärkten zu einer echten Deregulierung. In der Folge hat sich die Finanzindustrie vollständig verselbständigt. Und heute macht die Realwirtschaft in Summe nur noch 3 Prozent des gesamten Finanzmarktvolumens aus.

Die Politik hat leider mitgespielt. Da hat man gedacht, die berühmte unsichtbare Hand des Marktes wendet die Dinge zum Guten. Und jetzt sind wir in der Rolle des Zauberlehrlings. Oder um eine andere Metapher zu bemühen: Wir sehen, wie sich die Fluten gefährlich ausbreiten, wissen aber nicht, wie wir sie wieder ins Flussbett zurückkriegen. Ich werde oft gefragt: Warum sind die Politiker nicht imstande, rechtzeitig auf die Bremse zu steigen? Meine Antwort lautet: Weil man als Politiker im Rahmen seiner Handlungsmöglichkeiten keine Bremse für diesen Prozess hat. Die Finanzmärkte sind heute international organisiert. Nicht einmal als Europa-Politiker hat man dafür ein Bremspedal zur Verfügung. Das heißt: Steuern kann man derartige Prozesse nur durch *global governance*. Wenn sich Länder global verpflichten, Regeln aufzustellen.

Lutz: Aber eine Finanztransaktionsabgabe funktioniert nur, wenn diese Abgabe zumindest auf allen wichtigen Finanzplätzen eingeführt wird.

Fischler: Richtig!

Lutz: Das ist ein gutes Beispiel dafür, dass jeder davon einen Nutzen hätte, wenn sich alle einigten. Aber wenn *Einige* nicht mitmachen, dann gibt es Trittbrettfahrer, die davon profitieren. Es ist traurig, aber man sieht nach der Finanzkrise nur wenige Lerneffekte. Versprochen wurde viel, wie man dem Zocken Herr werden möchte, aber umgesetzt wurde wenig.

Fischler: Es bauen sich doch derzeit schon wieder *Bubbles* auf. Nach der großen Delle im Jahr 2009 gab es auf der ersten G20-Konferenz eine riesige Debatte über die Notwendigkeit einer neuen *internationalen Finanzarchitektur*.[9] Darüber waren sich auf der Konferenz alle einig. Damals entstand eine Liste von über 50 Punkten, wie man diese internationale Finanzarchitektur gestalten wollte. Wie viele dieser Punkte wurden bis heute umgesetzt? Nicht einmal zehn. Sobald der Druck nachlässt, gehen die Ambitionen verloren.

Lutz: Das Gefährliche ist die Asymmetrie. Die Finanzmärkte sind total globalisiert, sie können ihre Geldtransfers innerhalb von Bruchteilen von Sekunden durchführen. Hingegen arbeiten die Kontrollinstitutionen, die den

9 G20: „Gruppe der Zwanzig", bestehend aus Entwicklungs- und Schwellenländern unter Führung von China, Indien, Brasilien, Türkei.

Finanzjongleuren auf die Finger schauen sollen, meist nur national. Bis international ein zahmes Regelwerk verabschiedet ist, haben die Finanzmärkte längst ein anderes Loch zum Ausweichen gefunden. Hier gibt es stark unterschiedliche Geschwindigkeiten bei der Globalisierung und insbesondere die Kontrolle ist eine Schwachstelle. Da muss sich die Weltgemeinschaft unbedingt etwas einfallen lassen.

Fischler: Absolut! Wobei ich nicht glaube, dass man ein neues System mit einem Paukenschlag schaffen kann. Sondern da wird man zuerst einen Paradigmenwechsel herbeiführen müssen. Dann wird es Pioniere und Pionierphasen geben müssen, wo einzelne Staaten beginnen, in eine neue Richtung zu gehen und nach und nach hängen sich die anderen an. Das Risiko ist, ob man rasch genug eine kritische Masse zusammenkriegt, weil erst dann die Vorteile der Systemumstellung spürbar werden. Das sehen wir gegenwärtig bei der Finanztransaktionssteuer. Ich hoffe stark, dass sie sich weltweit durchsetzt!

Kapitel IX.

Blick hinter die Labortür

Fischler: Ich würde an dieser Stelle gerne, bildhaft gesprochen, einen kurzen Stopp einlegen, um einen Blick in Ihr „Forschungslabor" zu werfen. Ich will hier nicht über mathematische Formeln und Tabellen reden, die ein Demograf verwendet, sondern mich interessiert die Frage: Wie kann man als Bevölkerungswissenschaftler überhaupt etwas über die Zukunft sagen? Wir reden hier die ganze Zeit über die Zukunft und viele Leser werden sich die Frage stellen: Wie verlässlich sind Prognosen überhaupt?

Lutz: Die Zukunft ist *per definitionem* offen und nicht prädeterminiert. Daher behaupten manche Leute: Wir können nichts über die Zukunft sagen. Aber das stimmt nicht: Wir wissen mehr als nichts. Und gerade in der Demografie kann man sinnvolle Aussagen über die zukünftige Entwicklung mit einem längeren Zeithorizont als in irgendeiner anderen Sozial- oder Wirtschaftswissenschaft machen. Das hängt damit zusammen, dass Menschen heute in der Regel zumindest 70 Jahre leben. Wenn wir beispielsweise wissen, wie viele 20-Jährige mit Matura es heute gibt, haben wir eine gute Basis für die Voraussage der Zahl der 70-Jährigen mit Matura in 50 Jahren. Nur die Mortalität und die Migration können hier die Voraussagen verzerren.

Voraussetzung für jede quantitative Prognose ist, dass wir ein Modell haben, das in zumeist stark vereinfachter

Form die wichtigsten Wirkzusammenhänge zwischen den Faktoren darstellt. Wir müssen dazu also verstehen, was die entscheidenden Mechanismen sind oder umgangssprachlich ausgedrückt: Wie läuft das ganze *Werkl*. Und dann schauen wir – das wollen die Politiker wissen –, welche Intervention hat unter welchen Rahmenbedingungen voraussichtlich welche Konsequenzen. Manchmal kann man auch umgekehrt sagen: Wenn man Intervention unterlässt, wird dieses oder jenes Szenario eintreffen.

Das einfachste Modell ist eine Extrapolation der vergangenen Entwicklung in die Zukunft. Was Menschen im Leben gerne machen, ist: Sie schauen sich die Vergangenheit an und gehen davon aus, dass sich die Zukunft genauso linear weiterentwickeln wird. Wenn also etwas in der Vergangenheit auf eine Weise funktioniert hat, nimmt man an, dass es auch weiterhin so funktioniert. Das ist nicht unvernünftig, weil es auf menschlicher Erfahrung gründet. Aber es gibt gesellschaftlich Bereiche, wo wir mit Sicherheit wissen, dass die Zukunft anders ausschauen wird. Ein gutes Beispiel ist die zuvor diskutierte Frage des Pensionssystems. Es hat in der Vergangenheit, als die starke Babyboomer-Generation jung war, bestens funktioniert. Aber daraus können wir nicht ableiten, dass es auch in Zukunft so gut funktionieren wird, weil sich die Rahmenbedingungen infolge veränderter Altersstruktur ändern werden. Aber wir wissen nicht nur, dass sich etwas ändern wird, wir wissen sogar ziemlich genau, wie sich die Altersstruktur in den kommenden Jahrzehnten verändern wird. Zum Beispiel, wann die starken Geburtenjahrgänge 60 Jahre oder 65 Jahre alt sein werden. Das klingt banal, aber dass man in der Sozialwissenschaft genaue Vorhersagen machen kann, die über 20 Jahre in die Zukunft reichen, ist selten. In der

Wirtschaft geht das gar nicht: Da muss man schon bei den Prognosen fürs nächste Quartal die ganze Zeit korrigierend eingreifen. Beim zuvor besprochenen Klimawandel ist der Zeithorizont noch viel länger als in der Demografie. Da geht es um ein bis zwei Jahrhunderte, weil die Systeme so langsam reagieren.

Wir brauchen diese Modelle nicht, weil wir aus Neugierde wissen wollen, wie unsere Zukunft aussieht, sondern um zu verstehen, wie gefährlich die zu erwartenden Entwicklungen sind und wie man rechtzeitig gegensteuern kann. Das muss die Wissenschaft transparent darstellen und die Daten und Analysen auf den Tisch legen. Den Grad an Sicherheit und die Handlungsoptionen genau zu kennen, ist eine zentrale Voraussetzung für gesellschaftliche und politische Entscheidungen.

Fischler: Da sprechen Sie mir aus der Seele. Ich erinnere mich, als ich im Jahr 1995 als EU-Kommissar nach Brüssel gekommen bin. Wenn es etwas zu entscheiden galt oder eine neue Gesetzesinitiative gestartet werden sollte, kam mein Generaldirektor zu mir und sagte: „Schauen Sie Herr Kommissar, wir haben uns das überlegt, so sollte man das machen“ und überreichte mir seinen Vorschlag. Und ich habe darauf gesagt: „Das akzeptiere ich so nicht. Ich will mehrere Optionen haben, um dann auswählen und entscheiden zu können.“ Die Folge war, dass die Herren daherkamen und sagten: „Hier bitte, Herr Kommissar, drei Szenarien.“ Erstes Szenario: Status quo. Das kam natürlich nicht in Frage, weil dann hätte man ja keine Initiative zu ergreifen brauchen. Das zweite Szenario lautete immer: „Total liberalization!“ Eine völlige Liberalisierung war bei allen Agrariern die meistgehasste Vorstellung. Das ging gar nicht. Und das dritte Szenario war jener Vorschlag, den sie schon zuvor als ihre Lösung betrachtet hatten. Das war für mich eher unbefriedigend. Ich habe daher im Laufe der Jahre eine strategische Einheit aufgebaut, wo bis zu 80 Analysten gearbeitet haben. Dadurch habe ich dann natürlich bei den großen Agrarreformen, die während meiner Zeit entstanden sind, immer eine gute und transparente Auswahl von Szenarien inklusive einer Bewertung aller Vor- und Nachteile auf den Tisch bekommen.

Lutz: Bei Ihnen als Politiker ist es darum gegangen, dass Sie Handlungsoptionen auf wissenschaftlicher Basis bekommen. Unsere Arbeit als Demografen beginnt zumeist einen Schritt früher. Wir schauen zunächst, wie würden sich die Dinge ohne Intervention entwickeln. Um ein aktuelles Beispiel zu nennen: Wir haben soeben mit anderen internationalen Forschungsinstituten im Bereich des globalen Wandels ein Spektrum von sozialen und ökonomischen Szenarien für das 21. Jahrhundert entwickelt, sogenannte *Shared Socioeconomic Pathways*. Da gibt es 1. Das wahrscheinliche mittlere Szenario. 2. Ein positives Szenario, das auf einer raschen, nachhaltigen Entwicklung beruht: gemeint ist, dass die Transition von Energie, Bildung, Gesundheit, Sozialpolitik etc. rasch vor sich geht. 3. Ein negatives Szenario, wenn das Gegenteil passiert, dass es also zu einer Stagnation kommt und die Ungleichheit weiter zunimmt. Was kommt bei diesen drei Szenarien heraus?

Momentan leben auf der Welt rund 7,4 Milliarden Menschen. Das wahrscheinlichste Szenario Nr. 1 sagt für die Mitte des Jahrhunderts rund 9 Milliarden Menschen vorher. Diese Zahl wird sich dort stabilisieren und bis zum Jahr 2100 leicht abnehmen. Wenn wir uns Szenario Nr. 2

anschauen mit der raschen, nachhaltigen Entwicklung, wird die Weltbevölkerung gegen Mitte dieses Jahrhunderts bei „nur" 8,5 Milliarden Menschen gipfeln und geht dann auf unter 7 Milliarden Menschen zurück; dann würden also weniger Menschen als heute auf der Welt leben. Dafür braucht es aber eine rasche soziale Entwicklung und eine Bildungsexpansion, die bei Frauen zu niedrigeren Geburtenraten führen. Schließlich gibt es das Szenario Nr. 3, wenn die sozioökonomische Entwicklung stagniert. Dann wird die Weltbevölkerung auf 10 Milliarden Menschen zur Mitte des Jahrhunderts steigen und zum Ende des Jahrhunderts könnten durchaus 12 Milliarden Menschen leben. Das sind dann zu einem Großteil arme und schlecht ausgebildete Menschen. Die Folgen wären wahrscheinlich Hunger, Seuchen, Kriege. Was folgt daraus? Wir Wissenschaftler entwickeln zunächst Modelle, berechnen und illustrieren damit alternative Entwicklungspfade. Aber daraus entstehen natürlich für Sie, die Politiker, Handlungsempfehlungen.

Fischler: Man kann aber auch die Methodik umdrehen, wie Sie oben erwähnt haben, indem man als Politiker sagt: Ich plane eine bestimmte Politikveränderung. Sagen Sie als Wissenschaftler mir, welche Wirkungen mein Plan hätte. In China hat man bestimmt keinen Demografen gefragt, bevor man die Ein-Kind-Politik durchgesetzt hat. Aber man hätte es machen sollen, um über die Folgen Klarheit zu bekommen, die dieser Eingriff hatte.

Lutz: Demografen hatten in China in den 1970er Jahren durchaus auf die Gefahren weiterhin hoher Geburtenraten hingewiesen. Dass die Regierung aber derart drakonische Maßnahmen setzt, hatten sie nicht erwartet. Wir

Demografen betrachten im Allgemeinen die Auswirkungen von politischen Interventionen auf die Geburtenrate als nicht allzu groß. Man geht zum Beispiel im Fall von China heute davon aus, dass die Geburtenrate auch ohne diese Ein-Kind-Politik fast gleich schnell gefallen wäre. Weil in China in diesem Zeitraum massiv in die Bildung der Frauen investiert wurde. In anderen Ländern, die keine so brutale Ein-Kind-Politik betrieben haben, gingen die Geburtenraten ganz ähnlich nach unten. Ich erinnere an Singapur, Südkorea, Thailand. Das heißt, die großen sozialpolitischen Umwälzungen, die wir seit einiger Zeit erleben, sind nur wenig von der Politik gesteuert.

Fischler: Verstehe ich das richtig? Ihre Botschaft lautet, in Bezug auf die langfristige Bevölkerungsentwicklung sind die Auswirkungen durch Einflussnahme der Politik nicht allzu groß?

Lutz: Nicht ganz. Die Politik kann zwar die Entwicklung von Geburten- und Sterberaten nicht direkt lenken, sie kann aber Rahmenbedingungen schaffen, welche die Entwicklungen beeinflussen. Um einige Bespiele zu nennen, wo Aktivitäten der Regierung wichtig sind: 1. In sehr armen Ländern hat der Ausbau von Basisbildung weitreichende Folgen. Das beschleunigt die Transformation in eine positive Richtung. Die Gleichung lautet: Mehr Bildung – weniger Kinder – mehr künftiger Wohlstand. Das gilt für die ganz armen Länder, und da kann man nicht warten bis die Menschen selbst eine Bildung wollen, sondern die Schulpflicht muss von der Regierung eingeführt werden und der Schulbesuch ermöglicht werden. Das war auch bei uns in Europa im 19. Jahrhundert nicht anders. Der 2. Aspekt, wo auch die Regierung gefragt ist, ist die öffentliche Gesundheit. Wo es um Hygiene geht, insbesondere um sauberes Trinkwasser und Kanalisation. Das sind Seuchenherde, wenn sie nicht von der öffentlichen Hand organisiert werden.

Fischler: Sie haben da Schwarzafrika gemeint. Dort gibt es aber Länder, wie beispielsweise das ostafrikanische Tansania, wo seit Jahrzehnten Schulpflicht besteht und die Frauen nach wie vor sehr viele Kinder bekommen.

Lutz: Weil die Schulpflicht nicht alle ländlichen Regionen erreicht hat. Wenn man sich die Daten anschaut, so haben in Tansania nur weniger als 10 Prozent der Frauen eine Schulbildung bis zum 15. Lebensjahr. In Afrika gab es in den 1960er Jahren eine Bildungsoffensive, die hat sich aber auf die städtischen Bereiche beschränkt. In Afrika kommt ein weiterer kultureller Aspekt hinzu: Die Geburtenrate war traditionell viel höher als in Europa, die Kindersterblichkeit ist zurückgegangen und die Zahl der jungen Menschen ist explosionsartig gewachsen. Da wurde viel in eine Bildungsoffensive investiert, aber die ist regelrecht stecken geblieben, weil die Kinderzahl schneller wuchs, als Schulen geschaffen werden konnten. Hinzu kam, dass die Weltbank in den 1980er Jahren Strukturanpassungsprogramme brutal durchgezogen hat. So wurden die afrikanischen Länder zum Sparen gezwungen, sie taten das aber meist nicht bei der Verteidigung oder den städtischen Ausgaben, sondern am Land und bei der Bildung. Die Folgen haben Sie erwähnt: Die Kleinkinder der 1980er Jahre sind heute die ungebildeten Erwachsenen, die selbst wieder viele Kinder zur Welt bringen. Was es hier braucht, sind massive Bildungsprogramme und Familienplanung. Aber Letzteres ist bei vielen afrikanischen Regierungen aus ideologischen Gründen gegenwärtig nicht sehr populär.

Fischler: Aber da hat die UNO im Jahr 2000 mit den Millenniums-Entwicklungszielen einen neuen, starken Anlauf genommen. Eines der Ziele war: Volksschulbildung für alle jungen Menschen der Welt. Und ich glaube, da ist man in den meisten Ländern ziemlich erfolgreich.

Lutz: Zweifellos! In Kenia zum Beispiel, das ich ganz gut kenne, sind heute fast alle Kinder in der Schule. Das Problem ist, dass gleichzeitig die Qualität der Schulen stark gesunken ist. Die neuen nachhaltigen Entwicklungsziele, die jetzt im Herbst 2014 diskutiert und 2015 beschlossen werden sollen, sind zum Glück deutlich ambitionierter. Gefordert werden: *Qualitativ hochstehende Bildung für alle Mädchen und Buben zumindest bis zum Alter von 15 Jahren*. Ich bin sehr froh, dass dieses Ziel voraussichtlich in die neuen offiziellen UNO-Ziele aufgenommen wird, nicht zuletzt weil die Einsicht, dass nicht nur Volksschule sondern Sekundärbildung entscheidend für Armutsbekämpfung ist, auf unseren eigenen Forschungsergebnissen beruht.

Der 3. demografische Faktor, den die Politik am direktesten beeinflussen kann, ist die Migration.

Fischler: Das trifft sich gut, denn auf dem Blatt Papier, das ich vor mir liegen habe, steht das Thema *Migration* als neues Kapitel. Ich schlage vor, dass wir nun Ihr „Labor" wieder verlassen und danke für die Einblicke in Ihre Denkweise und Methodik.

Kapitel X.

Migration und Integration

Fischler: Migration ist ein wichtiges und vielschichtiges Thema, das oft in Zusammenhang mit Katastrophen steht. Menschen wandern ab, ziehen woanders hin, weil ihr Zuhause verwüstet wurde: durch Hurrikans, Tsunamis, Überschwemmungen oder umgekehrt, man hat zu wenig durch Wassermangel und Dürre, vor allem aber durch Krieg und Terror. Und dann haben wir das andere Ende der Skala. Damit meine ich jene Migranten, die gesuchte Spezialisten sind: Die berühmten Inder, die man in der Softwareindustrie als Programmierer braucht oder das Pflegepersonal von den Philippinen.

Lutz: Politische Maßnahmen und Regeln haben auf Migration starke Auswirkungen, da im Prinzip alle Länder das Recht haben, zu bestimmen, wer ins Land kommen darf. In Österreich werden Migranten meist gleichgesetzt mit Asylanten. Ich würde den Begriff *Migration* aber klar von der humanitären Verpflichtung trennen, verfolgten Flüchtlingen vorübergehend Schutz und Asyl zu gewähren. Unter Migration versteht man die langfristige Verlegung des Wohnsitzes – zumindest drei Monate – in ein anderes Land. Solche Wanderungsbewegungen kann man durchaus als *menschliche Konstante* bezeichnen. Es ist keine Frage, dass unsere Urahnen als Jäger-und-Sammler schon immer umhergezogen sind. Der Urmensch *Homo erec-*

tus ist vor fast 2 Millionen Jahren von Afrika ausgehend tausende Kilometer bis in das heutige Indonesien migriert. Unsere eigene Spezies, *Homo sapiens*, ist vor etwa 200.000 Jahren in Afrika entstanden und hat sich über die ganze Alte Welt verbreitet. Wir selbst sind vermutlich die Nachfahren einer afrikanischen Auswanderungswelle vor 70.000 Jahren. Unsere bäuerliche Kultur stammt aus der Levante, also aus Anatolien, Libanon, Syrien, Irak. Die Träger dieser Kultur haben sich, grob gesprochen, vor 10.000 Jahren ausgehend von der Türkei über das restliche Europa und die Welt ausgebreitet und sicherlich mit den dort lebenden Bevölkerungen vermischt. Was ich damit sagen will: Migration ist *per se* nichts Ungewöhnliches oder gar Böses, sondern Teil des Menschseins. Anders gesagt: Fixe Landesgrenzen, innerhalb derer die Leute bleiben, weil sie dort geboren sind, hat es in der Menschheitsgeschichte kaum gegeben.

Fischler: Politische Landesgrenzen haben sich über die Zeiten ständig verschoben. Kürzlich habe ich einen elektronischen Atlas zu sehen bekommen, wo im Zeitraffer die Grenzen der europäischen Länder dargestellt wurden. Wenn man das sieht, versteht man, was mit fließenden Grenzen gemeint ist. Aber heute ist der Nationalstaat das vorherrschende System. Dadurch haben die Regierungen die Macht zu entscheiden, wer über ihre Grenzen kommen darf und wer nicht. So gesehen sind die offenen Grenzen innerhalb der Europäischen Union eine geradezu revolutionäre Weiterentwicklung.

Lutz: Ja, deshalb kann man die Migration in der EU auch schon als europäische Binnenwanderung bezeichnen. Komplexer ist die Sache bei der Zuwanderung von außerhalb der EU. Hier gelingt es der Politik kaum, klare Regeln, zu definieren bzw. umzusetzen: Wer kommt herein und wer bleibt draußen. Deswegen gibt es so viel undokumentierte Migration. Zur Zeit erleben wir einen regelrechten Massenansturm über das Mittelmeer nach Italien. Dabei vergisst man leicht, dass es auch eine beachtliche, gut geregelte Arbeitsmigration bzw. den ebenso geregelten Familiennachzug gibt. Auch die Zusammensetzung der Menschen, die zu uns ins Land kommen, hat sich in den vergangenen Jahrzehnten stark verändert. Das Bild, das wir im Kopf haben, sind die Zuwanderer vom Osten und vom Süden.

Fischler: Der typische Gastarbeiter, den wir selbst in der Türkei angeworben und dann ins Land geholt haben.

Lutz: Ja, ja! Es gab in den 1970er Jahren regelrecht Anwerbungsbüros im Hochland von Anatolien, weil wir glaubten, in Österreich zu wenige Arbeitskräfte zu haben. Und man hat ganz bewusst die am wenigsten Gebildeten gesucht. Man wollte keine gebildeten Städter, sondern ungebildete Menschen aus den entlegendsten Gebieten. Das waren schließlich über 200.000 türkische Arbeitskräfte, die man ins Land geholt hat, fast die Hälfte waren Kurden. Von unseren Wirtschaftstreibenden gibt es dazu Kommentare wie: „Die besser Gebildeten stellen eh nur Fragen und machen Probleme. Wir brauchen *Hackler*!"

Fischler: Diese Leute sollten in erster Linie jene schmutzigen und mühsamen Arbeiten erledigen, für die sich die Österreicher schon zu gut waren.

Lutz: Gedacht hat man ursprünglich, dass diese Gastarbeiter nur kurz zu uns kommen – darum ja auch *Gast*-Arbeiter, so wie Urlaubsgäste. Aber dann blieben sie. Zum einen wollten sie die Arbeitgeber nicht gehen lassen, nachdem sie sie eingeschult hatten, zum anderen hatten sich diese Menschen hier mühsam eingewöhnt, die Familien waren nachgezogen, die Kinder in der Schule. Die wollten gar nicht weg.

Fischler: „Arbeitskräfte haben wir geholt, Menschen sind gekommen", lautete die Erkenntnis.

Lutz: Man hat also bewusst die ungebildete Bevölkerungsschicht geholt. Aber wie wir inzwischen wissen, ist Bildung die Grundvoraussetzung, um sich gut integrieren zu können. Das ist auch klar: Wie sollte ein Kurde aus dem fernsten Anatolien, der in seiner eigenen Sprache nicht Lesen und Schreiben konnte, Deutsch lernen? Die Integrationsprobleme von damals sehen wir bis heute. Wenn wir uns weiter anschauen, wer als Migrant nach Österreich kam, dann waren das die Ungarn, 1956, und die Tschechen, 1968, aufgrund der jeweiligen politischen Krisen. Eine ganz große Migrationswelle folgte mit dem Umbruch in Osteuropa und noch einmal mit dem Jugoslawienkrieg. Heute stammen die meisten Zuwanderer aus zwei Ländern der EU: Das sind die Deutschen und die Ungarn.

Fischler: Wir haben heute einen Mix an Ursachen für die wachsende Migration. 1. haben wir in der EU den Binnenmarkt geschaffen. Das bedeutet in Bezug auf Arbeitskräfte, dass alle Menschen innerhalb der EU frei wandern dürfen. 2. Wir haben innerhalb kurzer Zeit eine Erweiterung der Europäischen Union um 13 Staaten gehabt, die zum Teil ökonomisch deutlich schwächer waren. Aber auch zwischen vielen Religionen der alten Mitgliedsstaaten gibt es große soziale und ökonomische Unterschiede. 3. haben wir es mit Migrationswellen zu tun, wie wir sie in Lampedusa erleben, wo inzwischen jede Woche tausende Kriegsflüchtlinge, aber auch Wirtschaftsflüchtlinge übers Meer kommen, die in Europa auf ein besseres Leben hoffen. 4. gibt es die „gewollte Immigration", die ich zuvor schon mit den indischen Software-Experten angesprochen habe. Diese Immigration wird von den Nationalstaaten teils massiv gefördert, um mit dem Fortschritt mithalten und der Überalterung begegnen zu können. Ich weiß, Sie mögen den Begriff „Überalterung" nicht. Aber in diesem Zusammenhang wird er oft gebraucht. Das heißt, wir suchen jetzt nicht mehr nach dem ungebildeten Arbeiter aus Anatolien, sondern nach dem jungen Ingenieur und Wissenschaftler, der in Zukunft unser Pensionssystem erhalten soll. Die 4 Migrationstypen erfordern enorm unterschiedliche Maßnahmen, sowohl was die Migrations- als auch was die Integrationsbedingungen betrifft.

Lutz: Das sind, wie Sie schon gesagt haben, viele komplexe Aspekte. Ich schlage vor, dass wir – gerade weil wir über die Zukunft nachdenken wollen – wieder einen Schritt zurück machen. Stellen wir uns die Frage: Was weiß die Wissenschaft darüber, warum Menschen überhaupt wandern? Unter welchen Bedingungen überschreiten Menschen Grenzen und unter welchen nicht? Da kann man schon sagen, dass alle Modelle, welche die Migration erklären, letztlich auf ein Grundmodell zurückgehen.

Dieses Grundmodell unterscheidet zwischen drei Faktoren. 1. *Push-Faktoren.* Diese beschreiben, was Menschen aus ihrer Heimat vertreibt. In erster Linie sind das kriegerische Konflikte oder untragbare Lebensbedingungen. Das geht vom Ungarnaufstand im Jahr 1956 über die Jugoslawienkriege in den 1990er Jahren bis zum Syrienkrieg der Gegenwart. Das betrifft Menschen, die eigentlich gerne in ihrem Land bleiben würden, aber die Umstände zwingen sie, das Land zu verlassen. 2. *Pull-Faktoren.* Hier geht der Anreiz von jenem Land aus, wo die Migranten hinkommen wollen. Wir haben schon von den Anwerbungsbüros in Anatolien gesprochen. Österreich hat aktiv Gastarbeiter ins Land geholt. Ein anderer wichtiger Pull-Faktor sind die Lohnunterschiede. Die ziehen natürlich magnetisch Leute an, die ihr Einkommen erhöhen wollen. Das ist häufig der Grund, warum Bulgaren und Rumänen nach Österreich und nach Deutschland kommen.

Fischler: Dazu fällt mir der Auszug der Juden aus Ägypten ein. Im Alten Ägypten war das Leben für die Juden unerträglich geworden – das war der Push-Faktor. Das Gelobte Land war der Pull-Faktor.

Lutz: Ich erinnere an die von Ihnen erzählte Geschichte Ihres Vorgängers als Landwirtschaftsminister, Andreas Thaler, der im Jahr 1933 mit einer Gruppe von Tirolern nach Brasilien auswanderte, weil hier nicht mehr genügend Land für die stark angewachsene Bevölkerung vorhanden war und unglaubliche Armut herrschte.

Fischler: Und Brasilien genoss damals den Ruf, so eine Art Gelobtes Land zu sein, um auch den Pull-Faktor zu erwähnen.

Lutz: Dann gibt es noch einen 3. Faktor, nämlich die Höhe der zu überwindenden Hürden: Wie leicht ist die Wanderung? Was kostet sie? Welche Schwierigkeiten liegen auf dem Weg? Da spielen beispielsweise physische Barrieren eine Rolle: In der Vergangenheit war der Eiserne Vorhang eine mehr oder weniger unüberwindbare Barriere, die verhinderte, dass Menschen hinauskommen. Gegenwärtig werden hohe, teils elektrische Zäune an manchen Grenzen gebaut, um zu verhindern, dass Menschen hereinkommen. Eine andere wesentliche Rolle spielen die rechtlichen Ansätze von Regierungen. Die traditionellen Einwanderungsländer in der Neuen Welt haben sehr ausgeklügelte Quotenregelungen, insbesondere Kanada und Australien, die gut gebildete Menschen stark bevorzugen. Diese sind für die Wirtschaft produktiver, aber auch – das wird ganz explizit gesagt – leichter integrierbar in die Gesellschaft. Was in Kanada inzwischen zu dem Phänomen führt, dass die Kinder der Zuwanderer beim PISA-Test besser abschneiden als die angestammten Kanadier. Der Grund liegt darin, dass gezielt hochgebildete Eltern meist aus Asien ins Land geholt wurden. Und jetzt wird es kurios, weil inzwischen gibt es in der angestammten Bevölkerung Kanadas eine Abwehrhaltung gegenüber diesen „Aufsteigern". Also Migranten hängen nicht notwendigerweise hinten nach.

Fischler: Das entspricht durchaus meiner Erfahrung. Auch wenn man in den 1970er Jahren absichtlich die bildungsfernsten Schichten aus Anatolien nach Österreich geholt hat, muss ich sagen: Ich kenne viele junge Türken, die ins Gymnasium und später an die Universität gingen und dann Karriere gemacht haben. Ich glaube, dass ein Grund, warum jemand emigriert oder nicht emigriert, in der Persönlichkeit des jeweiligen Menschen liegt. Die Mobileren, Flexibleren, Dynamischeren machen sich auf den Weg, die anderen bleiben zuhause.

Lutz: Tatsächlich gibt es auch dafür in der Demografie einen Begriff. Wir nennen das die *Selektivität der Auswanderer*. Wenn wir uns überlegen: Wer sind eigentlich die Leute, die emigrieren? Da kommen wir in der Wissenschaft auf vier Faktoren.

1. Das *Alter*: Da gibt es ein ganz eindeutiges Profil mit einem Gipfel zwischen 20 und 25 Jahren. Ein großer Teil aller Menschen auf dieser Welt emigriert, so er es tut, in diesem Alter. Ab 35 Jahren ist es nahezu vorbei. Der nächste Faktor ist 2. das *Geschlecht*: Bis in die jüngste Vergangenheit waren es immer sehr viel mehr Männer als Frauen, die auswanderten. Die Frauen wurden von den Männern dann oft nachgeholt, wenn diese sich etabliert hatten. Aber interessanterweise beginnt sich diese Geschlechtsselektivität in jüngster Zeit und vor allem in Europa aufzulösen. Das heißt, die Frauen werden mobiler. Der 3. Faktor betrifft die *soziale Schicht*: Es emigriert in der Regel nicht die unterste soziale Schicht einer Gesellschaft.

Fischler: Diesen Leuten fehlt sowohl das Geld als auch das Wissen.

Lutz: Ja, genau. Das ist wichtig zu wissen, wenn wir über den Klimawandel oder andere Naturkatastrophen reden: Wer emigriert? Es sind nicht die Ärmsten der Armen. Es sind nicht die Leute, die knapp vor dem Verhungern stehen. Die können das gar nicht arrangieren, ihnen fehlen die Mittel. Welche Gruppe hauptsächlich abwandert, sind die etwas Bessergestellten.

Fischler: Das heißt aber zu einem gewissen Grad, dass die Emigrationsgründe gleichzeitig auch ein Auswahlkriterium sind für die, die emigrieren.

Lutz: Das ist tatsächlich die nächste Kategorie bei der wissenschaftlichen Beantwortung der Frage: Wer emigriert? Der 1. Faktor ist das Alter. Der 2. das Geschlecht. Der 3. die soziale Schicht. Und der 4. Faktor: *Gesundheit*. Man kann beobachten, dass die Ex-Migranten, die einmal zugewandert sind, signifikant gesünder sind als die Einheimischen. Der sozialwissenschaftliche Begriff dafür ist *Healthy-Migrant-Effekt*. Man weiß zwar noch nicht genau, woran das liegt, aber die Vermutung ist, dass es auf einen Selektionseffekt zurückzuführen ist. Also, diejenigen, die sich aufmachen und emigrieren, sind die Gesunden, wer an einer schweren Krankheit leidet, rafft sich nicht auf, sondern bleibt zu Hause.

Fischler: Es ist mir jetzt viel klarer, warum Menschen auswandern. Sie, Herr Lutz, haben uns von den Push- und Pull-Faktoren erzählt. Da ging es also um die Frage des *Warum*. Dann haben wir darüber geredet, wer auswandert. Da haben Sie vier Faktoren aufgezählt: Alter, Geschlecht, soziale Schicht, Gesundheit. Da ging es um die Frage: *Wer wandert aus?* Was mich jetzt interessierte, ist die Frage des *Wohin*. Warum wandert wer wohin?

Lutz: Darüber weiß die Demografie auch sehr viel. Kurz gesagt: Alle Migrationsbewegungen auf der Welt folgen etablierten Pfaden. Es gibt natürlich irgendwann einmal eine Anfangsgruppe oder Pioniere der Migration. Sobald diese in einem Land Fuß gefasst hat, kommen andere nach. Marokkaner und frankophone Afrikaner gehen nach Frankreich und Belgien. Türken zieht es nach Deutschland und Österreich. Asiaten, insbesondere die von Ihnen angesprochenen indischen Softwareprogrammierer träumen von Amerika.

Fischler: Es wird viel von den Klimaflüchtlingen geredet. In diesem Zusammenhang liest man immer wieder Schreckensberichte, wonach hunderte Millionen Afrikaner an die Türen Europas klopfen werden. Wie realistisch ist so etwas aus Ihrer Sicht?

Lutz: Darüber gibt es wenig seriöse Studien. Vor einiger Zeit war ich an einer Evaluation der Evidenz zu diesem Thema im Auftrag der Britischen Regierung beteiligt. Die hat gezeigt, dass viele dieser horrenden Zahlen Panikmache sind. Überall auf der Welt wollen die Menschen, auch nach ganz schlimmen Naturkatastrophen, ihr Leben lieber dort wieder aufbauen, wo sie zuhause sind. Dort ist ihre Familie, ihre Freunde, dort kennen sie sich aus, sie sind mit der Kultur vertraut. Das haben wir selbst nach schwersten Hungerkatastrophen in Afrika oder dem fürchterlichen Tsunami in Indonesien gesehen. Kaum jemand hat deshalb die Intention, auszuwandern.

Fischler: So gesehen müssen wir in Europa alles daran setzen, die Lebensbedingungen der potenziellen Emigranten in ihrer Heimat zu verbessern, um die Push-Faktoren zu reduzieren.

Lutz: Ja. Aber wir sollten uns nicht der Illusion hingeben, dass überhaupt niemand emigrieren will, wenn es im Land besser geht. Die Pull-Faktoren, vor allem die Lohnunterschiede, bleiben trotzdem vorhanden. Und wie gesagt: Es sind nicht die Allerärmsten, die auswandern, sondern die schon etwas bessergestellten sozialen Schichten. Entwicklungshilfe ist ganz wichtig, aber wir werden damit nicht kurzfristig die Migration stoppen, wie das manchmal gesagt wird. Was hilft, sind zum einen Direktinvestitionen in arme Länder, um dort Arbeitsplätze zu schaffen und dynamischen jungen Leuten höhere Löhne zahlen zu können – dann ist Auszuwandern nicht mehr so attraktiv. Zum anderen hilft es, wenn wir klare Regeln für die legale Immigration auf den Tisch legen. Wer ist willkommen, wer nicht. Wie viele wollen wir pro Jahr aufnehmen. Das können Länder wie Australien und Kanada besonders gut. Wohingegen es bei der EU daran hapert.

Fischler: Wir haben jetzt gehört, wie Migration funktioniert. Da haben Sie Ihr Know-how als Demograf sehr aufschlussreich mit uns geteilt. Lassen Sie mich jetzt einen Schritt weitergehen. Was passiert, wenn dann die Migranten bei uns sind? Wie funktioniert Integration? Wovon hängt ihr Gelingen ab? Welche Faktoren fördern die Integration und welche machen sie schwierig?

Lutz: Der entscheidende Faktor ist wieder einmal, klar, die Bildung, die in der Regel zu mehr Flexibilität beim Eingewöhnen und zu höheren Chancen bei der beruflichen Integration führt. Oder schauen wir uns die Geburtenrate von Immigranten an. In der ersten Generation hatten die türkischen Frauen deutlich mehr Kinder als die österreichischen Frauen, über 2,5. In der zweiten Generation, die hier schon als Kinder in die Schule gegangen ist, gibt es fast keinen Unterschied mehr. Wenn wir das nach Bildung gliedern und fragen: Wie hoch ist die Geburtenrate von Maturantinnen oder Akademikerinnen, dann ist schon in der ersten Generation fast kein Unterschied zwischen Österreicherinnen und Türkinnen. Man muss klar sagen: Das Einstiegs- und Aufstiegsticket in die Gesellschaft ist die Schulbildung. Damit wird in der zweiten Generation der Samen gelegt, der etliche Jahre später aufblüht – um das mal in einer blumigen Sprache zu sagen. Das haben Sie auch vorhin erwähnt, wie beeindruckend viele junge Türken Karriere machen. Also die Schule ist der Ort, wo die Weichen für die Zukunft gestellt werden. Viele Migranten-Kinder schließen die Schule positiv ab und schaffen den Aufstieg. Viele fallen leider schon an dieser frühen Stelle aus dem System heraus, weil ihre Sprachkenntnisse mangelhaft sind, weil sie von zuhause keine Unterstützung bekommen, keine Nachhilfestunden usw. Hier ist die Gesellschaft und insbesondere die Politik gefordert. Das beginnt in der frühkindlichen Entwicklung, die gefördert werden muss – das haben wir schon weiter vorne besprochen. Diese Kinder gehören im Kindergarten und in der Volksschule gefördert, um so in die Gesellschaft eingegliedert zu werden. Und das braucht auch seine Zeit. Dass wir schon im Alter von 10 Jahren die Kinder selektieren und vorgeben, in welche Schule sie gehen müssen, ist eigentlich schrecklich!

Fischler: Aber das betrifft nicht nur die Migrantenkinder, sondern alle.

Lutz: Für eine planerische Politik ist es wichtig zu fragen: Wie viele Menschen sollen überhaupt zuwandern? Die Zahl ist sicher nicht Null. Aber es dürfen auch nicht zu viele sein, damit nicht die Integrationsfähigkeit eines Landes überfordert wird?

Fischler: Heißt das auch, dass es nicht unbedingt notwendig ist, dass alle Immigranten integriert werden müssen?

Lutz: Nein, das ist schon wünschenswert und scheint in Europa sozialer Konsens zu sein. Es wäre bei uns schwer vorstellbar, wie in den Golfstaaten ausländische Arbeiter in Lagern zu haben und sie von der einheimischen Bevölkerung strikt zu trennen. Wünschenswerte Integration ist die vollständige Teilhabe an der Gesellschaft, wenn man einen Job hat, die Sprache des Landes beherrscht, hier seinen Lebensmittelpunkt hat, ohne dass man seine ethnische Identität aufgibt. Das muss von der Zahl der Immigranten her machbar sein. Es kann keine ganz offenen Grenzen für alle geben.

Fischler: Es gibt also, Ihrer Meinung nach, eine Grenze der Verkraftbarkeit?

Lutz: Das ist ein Faktum! Es geht aber nicht nur um die Zahl der Menschen, sondern auch darum, woher sie kommen. Blicken wir einmal nach Schweden: Das Land hat in Europa im Verhältnis zur Bevölkerung eine der höchsten Zuwanderungsraten, gleichzeitig investieren die Schweden mehr als jedes andere europäische Land in die Integration. Dort besuchen Sozialarbeiter alle paar Wochen jede Migrantenfamilie und helfen, alle praktischen Probleme zu lösen, einen Job zu finden, beim Spracherwerb usw. Und es zeigt sich, dass die Integration bei den Immigranten aus

Osteuropa und vom Balkan recht gut gelingt. Bei Asiaten gelingt das auch sehr gut. Aus Lateinamerika gab es eine Zeitlang Immigrationswellen nach Skandinavien, da hat die Integration nicht so gut funktioniert, aber diese Menschen sind großteils wieder zurück nach Lateinamerika gegangen, weil sich die Situation in ihren Heimatländern verbessert hat und sie sich im kalten Schweden nicht wohlgefühlt haben. Wo es große Probleme gibt, sind die vielen Immigranten aus Somalia und anderen afrikanischen Ländern. Das hat weniger mit der Religion zu tun, ob sie Muslime sind oder nicht, sondern die kulturelle Distanz ist größer als zu – sagen wir – den Osteuropäern. Nicht, dass die Integration unmöglich wäre, sondern sie dauert viel länger. Um ein konkretes Beispiel zu geben, was mit kultureller Distanz gemeint ist: In Schweden ist die Genderfrage ganz wichtig, also die Gleichheit von Mann und Frau. Und das ist für viele somalische Männer ein Fremdwort, die sind mit völlig anderen Werten aufgewachsen. Und hier wird es richtig schwierig.

Wenn man darauf achtet, dass ein breites Spektrum von Zuwanderern ins Land kommt, kann man auch die Ghettobildung verhindern. Wenn sich nach dem Motto „Gleich und Gleich gesellt sich gerne" Migranten aus dem gleichen Kulturkreis zusammenfinden, steht das längerfristig einer vollen Integration entgegen.

Ich habe versucht zu verstehen, wo diese Leute herkommen, die derzeit in winzigen Booten das Mittelmeer überqueren. Das sind ja nicht anonyme Massen, welche die Festung Europa stürmen wollen. Das läuft vielfach so ab, dass zunächst eine ganze Familie in einem afrikanischen Dorf oder einer Stadt Geld zusammenlegt. Damit finanziert sie einem jungen Mann die Reise. Das kann man als eine Art Versicherungsstrategie verstehen: Vielleicht bringt es etwas für die Zukunft, vielleicht scheitert er, vielleicht schafft er es und schickt Geld nach Hause. Die jungen Männer sind also die Kundschafter. Das war im 19. und im 20. Jahrhundert bei uns genauso. Da haben die Familien im Burgenland einen der jungen Männer nach Chicago geschickt, und der musste mal sehen, wie dort die Lage ist. Dann sind ein paar andere nachgekommen, und heute ist das eine ganz normale große amerikanische Familie.

Ich denke mir, warum soll man diesen „Kundschaftern" über eine geregelte Quote nicht erlauben, hereinzukommen? Bei entsprechenden Rahmenbedingungen können diese dynamischen jungen Leute sicher einen produktiven Beitrag leisten. So könnten wir alle von den positiven Aspekten dieser Migration profitieren.

Fischler: Wenn man das so betrachtet, verliert die Migration an Schrecken. Nichtsdestotrotz, in den Schulen spitzt sich die Problematik zu. Nach Wien hat es in den vergangenen Jahrzehnten viele Migranten gezogen mit der Folge, dass es Schulklassen gibt, wo nur noch eine Minderheit die deutsche Sprache beherrscht und die Mehrheit erst dabei ist, Deutsch zu lernen. Dass dadurch Spannungen entstehen, ist dann wohl verständlich. Die Frage dazu: Brauchen wir ein auf Immigration abgestimmtes Schulsystem?

Lutz: Wie ich vorhin gesagt habe, muss Ghettobildung verhindert werden, weil das der Integration entgegensteht. In Wien konzentrieren sich die meisten Immigranten auf wenige Bezirke bzw. Stadtteile. Dort haben Sie die von Ihnen angesprochenen Problemschulen. Es müsste gelingen, die Zuwanderer besser über die Stadt zu verteilen, dann sind die Quoten in den Klassen besser verteilt. Ich glaube auch, dass wir mehr Mut zur Mehrsprachigkeit brauchen. Wir haben es bei Immigranten ja nicht nur mit der untersten Gesellschaftsschicht zu tun, im Gegenteil. Sie haben in Wien die UNO-City. Das sind tausende „Ausländer", die seit vielen Jahren in Wien zu Hause sind und kein Deutsch sprechen, weil sie den ganzen Tag über bei den Vereinten Nationen Englisch reden, aber sie sind wirtschaftlich hervorragend integriert.

Fischler: Weil Sie die UNO erwähnt haben. Viele der Kinder der UNO-Mitarbeiter gehen in internationale Schulen. Dort herrscht eine babylonische Sprachenvielfalt. Und trotzdem sind das Eliteschulen!

Lutz: In diesen internationalen Schulen läuft alles in Englisch ab, und wer es nicht kann, wird stark gefördert, sodass alle Kinder in ein bis zwei Jahren auf ein volles englisches Niveau kommen. Am normalen Unterricht in der Klasse nehmen sie sowieso Teil, aber sie bekommen diese zusätzlichen spezifischen Förderstunden in Englisch. Und wie Sie gesagt haben: Dort herrscht eine babylonische Sprachenvielfalt, die aber nicht hinderlich, sondern bereichernd ist. Dieses Modell funktioniert in internationalen Schulen auf der ganzen Welt.

Fischler: Mehrsprachigkeit hat ja einen enormen Vorteil in der heutigen Welt. Das kann man besonders deutlich an den Schweizern, Luxemburgern, aber auch an den Südtirolern sehen, die durch ihre Mehrsprachigkeit nicht nur überproportional in internationalen Gremien vertreten sind, sondern auch Brückenfunktionen wahrnehmen und damit viel Geld verdienen können. Jetzt ganz konkret die Frage an den Demografen: Was würden Sie dem für Integration verantwortlichen Minister in Österreich empfehlen, zu tun?

Lutz: Wenn man das Gesagte zusammenfasst, bekommt man ein relativ klares Profil, wie eine sinnvolle Zuwanderungspolitik für Migranten von außerhalb der EU aussehen könnte. 1. Wir brauchen eine rationale Zuwanderungspolitik, die nach den jeweiligen wirtschaftlichen Gegebenheiten vorgibt, wie viele Menschen kommen sollen und welche Qualifikationen sie haben sollen. Ich glaube, dass Kanada ein Vorbild dafür sein kann. 2. Wir sollten anstreben, dass Immigranten auch in andere Städte ziehen und nicht nur nach Wien. Aber auch in Wien sollten die Zuwanderer in allen Bezirken verteilt leben, um eine Ghettobildung und die Konzentration von Ausländerkindern in einzelnen Schulen zu unterbinden. 3. Wir müssen die Zuwanderer von Anfang an viel stärker in die Gesellschaft integrieren. Ich habe das schwedische Modell erwähnt, wo Hilfe durch Sozialarbeiter angeboten wird. Das wäre ein Vorbild. 4. Kleinkinder sollten viel stärker gefördert werden. Die kognitiven Fähigkeiten eines Menschen werden schon sehr früh im Leben geformt. Das finnische Modell ist hier ein Vorbild, wobei das für alle Kleinkinder bzw. Familien gilt, nicht nur für Immigranten. 5. In der Schule sollten wir dafür sorgen, dass die Kinder spezifische Förderstunden in Deutsch bekommen – analog zu den internationalen Schulen. 6. Bei Jugendlichen sollte man mit allen Mitteln verhindern, dass sie vorzeitig aus dem Schulsystem herausfallen. Das unterbindet die Integration und kann für die Zukunft enormen sozialen Sprengstoff bergen. Das zu implementieren ist Sache der Politik.

Kapitel XI.

Arme Länder – reiche Länder

Lutz: Ich erinnere mich, dass ich mich schon als Kind oft gefragt habe, wenn wir in Europa oder auch Übersee herumgereist sind, woher es kommt, dass manche Länder reich und andere arm sind. Ich habe darüber oft mit meinem Vater, der Historiker war, diskutiert. Aber eine für mich befriedigende Antwort habe ich lange nicht gefunden. Heute, glaube ich, gibt es in den Köpfen der Menschen im Prinzip zwei Antworten. Die erste und weit verbreitete lautet: Weil Menschen und Kulturen einfach unterschiedlich sind. Afrikaner sind anders als Europäer. Deswegen bewirken unterschiedliche Kulturen unterschiedliche wirtschaftliche Entwicklungen. Diese Antwort finde ich sehr unbefriedigend, weil sie statisch ist und nicht erklären kann, aufgrund welcher Unterschiede es manche Länder in den letzten Jahrzehnten geschafft haben und andere nicht.

Die zweite Erklärung scheint mir viel plausibler, auch weil sie durch Forschungsdaten gestützt wird: Sie geht davon aus, dass alle Menschen trotz unterschiedlicher Kulturen im Grunde einander sehr ähnlich und die Phasen der Entwicklung vergleichbar sind. Die derzeitigen Unterschiede sind das Ergebnis vom unterschiedlichen Timing der Industrialisierung und gesellschaftlichen Modernisierung. Das war natürlich in der Geschichte immer so. Es gab Zeiten, als China sehr viel weiter entwickelt war als Europa. In Mesopotamien und im Alten Ägypten blühten

Hochkulturen, während in Amerika noch mehrere tausend Jahre lang die Steinzeit vorherrschte. Im Hochland von Neuguinea lebten noch im 20. Jahrhundert hunderttausende Menschen in der Steinzeitära, während im Rest der Welt bereits Flugzeuge Kontinente überquerten. Wie kommen diese Unterschiede zustande?

Wenn wir gedanklich in der jüngeren Geschichte bleiben, ist festzustellen, dass infolge der gesellschaftlichen Modernisierung – wie Humanismus und Aufklärung – und der industriellen Revolution Europa eine Entwicklung durchgemacht hat, die in anderen Erdteilen erst später gekommen oder bis heute ausgeblieben ist. Dadurch hat Europa, wenn man so sagen will, einen Vorsprung in der Entwicklung bekommen. Andere Weltregionen wie Ostasien haben diese Entwicklung viel später begonnen, sind dafür aber auch schneller unterwegs. Und Afrika bewegt sich derzeit in einer sehr frühen Phase dieser Entwicklung.

Was wir heute auf der Welt sehen, ist eine Ungleichzeitigkeit. Wir leben in einer globalisierten Welt, in der die Ungleichzeitigkeiten der Phasen der Entwicklung aufeinanderprallen und die Ungleichheiten im Status sicht- und erlebbar sind. Das erkennt man gut an den bewaffneten Auseinandersetzungen. Wenn wir heute von bewaffneten Banden und Bürgerkriegen in Afrika hören, ist das im Prinzip nicht viel anders als bei uns im Dreißigjährigen Krieg, als sich marodierende Banden mit simplen Waffen gegenseitig die Schädel einschlugen. Das Problem ist, dass diese Banden nun moderne Waffen haben. Und wenn westliche Länder mit Drohnen und lasergesteuerten Raketen intervenieren, ist der Aufeinanderprall der unterschiedlichen Entwicklungsstufen überhaupt extrem. Übrigens sind die eklatanten Unterschiede durch die globalen Medien heutzutage für alle sichtbar – im Unterschied zum Dreißigjährigen Krieg.

Fischler: Ich denke, wir müssen in der Geschichte noch einen Schritt weiter zurückgehen. Als die Europäer auf diese archaischen Kulturen in Afrika, Asien und Südamerika trafen, war aufgrund der waffentechnischen Überlegenheit klar, dass sich diese Kulturen dem europäischen Interesse unterwerfen müssen. Das beginnt mit dem menschenverachtenden Sklavenhandel und geht bis zum Kolonialismus. Man hatte gar kein Interesse, diese Menschen zu fördern, das waren aus damaligem Blickwinkel einfach Ressourcen. Und die Kolonien wurden immer für die nationalen Interessen der europäischen Länder instrumentalisiert. Als dann der Kolonialismus in den 1960er Jahren zu Ende ging, folgte jahrzehntelang der Ostwest-Konflikt. Und auch da wurden wieder Länder und Menschen instrumentalisiert.

Lutz: Eine neue Art des globalen Denkens kam erst nach dem Ende des globalen Ostwest-Konflikts Anfang der 1990er Jahre. Es ist kein Zufall, dass damals die Zeit der großen UN-Entwicklungskonferenzen begann, weil die Weltordnung nicht mehr vom globalen Ostwest-Konflikt bestimmt war. Es gab die Umweltkonferenz im Jahr 1992 in Rio de Janeiro, die Weltbevölkerungskonferenz im Jahr 1994 in Kairo und die Weltfrauenkonferenz 1995 in Peking. In diese Konferenzen steckte man große Hoffnungen, die zum Teil erfüllt und zum Teil nicht erfüllt wurden.

Fischler: Man hat es den Entwicklungsländern auch extrem schwer gemacht. Ihnen wurde einfach unsere eigene

Ordnung übergestülpt. Ich frage mich oft, woraus wir unseren Anspruch abgeleitet haben, unsere eigene Entwicklung zum Referenzmodell für den Rest der Welt zu machen. Gerade im Lichte des 20. Jahrhunderts wäre da wesentlich mehr Bescheidenheit angesagt gewesen, denn so bestialisch wie die Fratze der Nazis ist bis dato sonst niemand auf der Welt gewesen. Und seit einigen Jahren versuchen wir schon wieder, den afrikanischen Kontinent als Ressourcenreservoir zu nützen. Da geht es um Erze, um Biorohstoffe, um Landbesitz und Arbeitskräfte. Jedenfalls von einem partnerschaftlichen Umgang, von einem Begegnen auf Augenhöhe sind wir immer noch ziemlich weit entfernt. Entwicklungszusammenarbeit sollte kein karitativer Akt sein, wo die klugen Europäer den Afrikanern die Welt erklären, sondern eine Mithilfe um die eigenen Kräfte in den Entwicklungsregionen zu stärken und sie zu befähigen, ihre Entwicklung selbst voranzutreiben.

Ich erinnere daran: Es ist über 30 Jahre her, dass die UNO-Vollversammlung beschlossen hat, dass die Industriestaaten 0,7 Prozent ihres BIP für Entwicklungszusammenarbeit zur Verfügung stellen. Und wie viele andere Länder auch haben wir diese Versprechen bis heute nicht eingelöst. Noch immer stehen wir bei 0,3 Prozent.

Lutz: Die Entwicklungszusammenarbeit ist für Österreich wirklich kein Ruhmesblatt. Aber es gibt auch kritische Stimmen, die sagen, es wäre besser, wenn die Industriestaaten überhaupt kein Geld gäben, weil das nur die Korruption förderte. Die afrikanische Ökonomin Dambisa Moyo hat beispielsweise ein Buch mit dem Titel *Tödliche Hilfe* geschrieben. Das scheint mir übertrieben. Aber wir müssen einerseits darauf achten, dass wir „Entwicklungshilfe" nicht im Sinne einer paternalistischen Hilfe sehen, andererseits sollten wir nicht diesen Haushalten einfach Geld zuschießen, wie es heute in Mode ist, das nennt man *Direct Budgetary Support*. Da gibt es keine Garantie, dass das Geld wirklich in die soziale Entwicklung fließt und nicht zum Beispiel in die Armee …

Fischler: Oder auf Schweizer Konten.

Lutz: Beides ist nicht im Sinne der Entwicklungszusammenarbeit. Wir müssen das Geld so einsetzen, dass die Bürger der betroffenen Länder befähigt werden, ihr Schicksal selbst in die Hand zu nehmen. Der Schlüssel muss lauten: Hilfe zur Selbsthilfe! Ich habe mir mal angesehen, was mit den Entwicklungshilfegeldern tatsächlich passiert. Die OECD publiziert dazu Statistiken. Und es ist ernüchternd zu sehen, dass nur 2 bis 3 Prozent der gesamten zwischenstaatlichen Entwicklungshilfe in Basisbildung fließt. Nur ein wenig mehr in Basisgesundheit. Und die großen Gelder gehen in Infrastrukturmaßnahmen oder in die Exportförderung für die Geberländer. Das ist sehr zweischneidig: Ob die Exportförderung österreichischer Firmen wirklich Entwicklungshilfe ist, sei dahingestellt. Und dass sich Infrastrukturmaßnahmen selten wirklich amortisieren – auch nicht in Europa – haben wir auch schon erwähnt. Was rechnet sich langfristig? Investitionen in Bildung und Gesundheit. Und das ist der kleinste Teil unsere Hilfe.

Fischler: Wir waren uns schon früher einig, dass man nicht nur in die Primärbildung investieren sollte, also nicht bloß in 4 oder 6 Jahre Schule, sondern dass alle Kinder auf der Welt auch einen Sekundärschulabschluss haben sollten.

Lutz: Darüber hinaus heißt Bildung in diesem Zusammenhang auch, in die *softskills* der Menschen zu investieren, beispielsweise in politische Erziehung: Was bedeutet Demokratie, wie funktioniert sie, wie funktioniert eine effiziente Regierung? Was man im Englisch *good governance* nennt. Das muss man im Zuge der Bildung thematisieren. Man muss die Menschen dazu befähigen, sich aktiv in ihren Gesellschaften einzubringen.

Fischler: Das ist die erste Priorität: In Bildung investieren. Der zweite Punkt: Vor 20 Jahren sind von den weltweit aufgewendeten Entwicklungshilfegeldern 20 Prozent in die Landwirtschaft geflossen. In den vergangenen 3 Jahren hat man im Durchschnitt nur mehr 3 bis 4 Prozent dafür ausgegeben. Heute stellt man häufig den Regierungen in Afrika oder Asien einfach ein Budget zur Verfügung. Was mit dem Geld passiert, ist dann sehr schnell außerhalb der Kontrolle des Gebers. Das ist alles sehr unbefriedigend!

Der nächste, dritte Punkt ist mir persönlich wichtig, weil ich lange Zeit für den Agrarsektor zuständig war. Weltweit sind zirka 800 Millionen Menschen unterernährt oder vom Hunger bedroht. Warum ist das so? Einerseits haben wir Kriege und Naturkatastrophen – da kann nur Soforthilfe geleistet werden. Wenn das Haus brennt, muss man löschen. Das weitaus größere Problem jedoch sind die zirka 400 Millionen Kleinbauern, die von der Subsistenzwirtschaft leben. Die produzieren das, was sie essen. Und umgekehrt: Sie essen das, was sie produzieren, haben aber sonst keinerlei Verbindung zu – oft nicht einmal lokalen – Märkten. Wenn aufgrund einer Dürre die Ernte ausfällt, sind sie vom Hungertod bedroht. Das ist paradox: Es sind die Bauern, die selbst Nahrung produzieren, die am meisten unter Hunger leiden müssen. Und ganz besonders sind die Frauen unter ihnen betroffen. Um hier die notwendigen Verbesserungen herbeizuführen, helfen westliche Agrartechnologien wenig, was hilft, ist eine holistische Regionalentwicklung.

Der vierte Punkt: In vielen Ländern Asiens und insbesondere Afrikas wachsen die Ballungszentren mit unerhörter Geschwindigkeit. Zum Beispiel die Hauptstadt von Nigeria, Lagos: Im Jahr 1990 lebten dort 5 Millionen Menschen, heute sind es 11 Millionen. Wenn wir nach Ägypten blicken, Kairo: Im Jahr 1990 lebten dort gut 6 Millionen Menschen, heute weiß es niemand genau, Schätzungen gehen bis zu 25 Millionen hinauf. In der Folge sind solche Länder zu riesigen Nettoimporteuren von Nahrungsmitteln geworden. Ägypten ist mittlerweile der größte Weizenimporteur der Welt.

Lutz: Die letzten beiden Punkte sind natürlich miteinander verwoben. Die Kleinbauern haben eine hohe Kinderzahl und geraten deshalb immer stärker unter Druck. Die Kinder werden mehr, das Land nicht, das muss dann immer weiter unterteilt werden. Das führt vielfach dazu, dass die jungen Leute vom Land in die Stadt ziehen und dort landen sie in den Slums der Megastädte. Beides ist eine Folge des enormen Bevölkerungswachstums. Wenn wir uns überlegen, warum das so ist, dann ist die Antwort: In diesen Ländern ist zwar die moderne Medizin teilweise angekommen, was natürlich positiv ist, weil dadurch weniger Kinder sterben. Aber die Bildung der Frauen und die Methoden der modernen Empfängnisverhütung, die gemeinsam zu einem Rückgang der Geburtenrate führen, sind nicht angekommen. Vereinfacht gesagt: Wir haben Antibiotika geliefert, aber keine Schulen gebaut! Das Problem ist in Afrika besonders stark. In Ländern wie Mali hat eine Frau noch durchschnittlich 7 Kinder, am Land können es durchaus 15 Kinder sein. Auch in Nigeria sind es durchschnittlich 6 Kinder, in Kenia und Tansania um die 5 Kinder. Das heißt, die Gesamtbevölkerung verdoppelt sich in diesen Ländern in 20 bis 25 Jahren. *Verdoppelt sich!* Nach 40 bis 50 Jahren ist die Bevölkerung viermal so groß.

Fischler: Der Seerosen-Effekt, vor dem hatte schon Ihr Vater gewarnt.

Lutz: Ja! Wenn man sich Nigeria anschaut, das heute etwa 160 Millionen Menschen zählt. In 20 Jahren werden es 320 Millionen sein und Mitte des Jahrhunderts schon eine halbe Milliarde. Es gibt Schätzungen von der UNO, die für Nigeria bis zum Ende des Jahrhunderts 1 Milliarde Menschen vorhersagen. Auch wenn mir das zu hoch gegriffen erscheint, muss ich sagen: Für Nigeria bin ich wirklich pessimistisch. Was kann man dagegen machen? Bildung ist unumgänglich, das haben wir bereits erwähnt. Wirkt aber langfristig. In diesen Ländern ist die Altersstruktur der Menschen so jung, da ist die Hälfte der Bevölkerung unter 15 Jahre! Das sind heute Kinder, aber morgen Eltern. Selbst wenn durch ein Wunder die Geburtenrate sofort auf 2 Kinder pro Frau fallen würde, kämen mehr und mehr potentielle Mütter nach, sodass das Bevölkerungswachstum weiterginge. Das sind also wirklich schwere Herausforderungen für diese Länder und die Welt.

Fischler: Ich sollte jetzt den Bogen zum vorhergehenden Kapitel schließen. Die Kinder von heute sind nicht nur die Eltern von morgen, sondern auch die jungen Migranten der Zukunft, die bei uns an die Tür klopfen werden. Man sieht daran, wie verwoben alles ist. Und gerade deshalb brauchen wir in der Entwicklungszusammenarbeit schon genannte systemische oder holistische Ansätze. Es reicht nicht, wenn man sich nur auf ein Gebiet konzentriert. Bildhaft ausgedrückt: Wir dürfen nicht nur Antibiotika liefern, sondern müssen auch Schulen bauen. Wir können nicht Arbeitsplätze schaffen, ohne ganzjährig befahrbare Straßen; und die Verbesserung der Agrarproduktion hilft wenig, wenn dann das Getreide in den Lagern verrottet. Wir müssen uns daran zurückerinnern, wie wir in Europa am Land zu Beginn der Industrialisierung auf die Verwerfungen reagiert haben. Auch aus Europa sind damals viele Menschen ausgewandert und haben ihr Heil in Amerika gesucht. Die, die dageblieben sind, haben gerade am Land in Bildung, in die Teilung der Agrarproduktion und -verarbeitung, in den Ausbau von Infrastruktur, in die Mechanisierung etc. investiert.

Lutz: Ich bin fest davon überzeugt, dass es auch in Afrika viel besser wird, wenn die breiten Massen einmal besser gebildet sind und nicht nur die Eliten. Diese sind in Afrika eigentlich tragische Gestalten. Viele Staatspräsidenten, die nach dem Ende des Kolonialismus an die Macht kamen, waren in Europa ausgebildete Intellektuelle, idealistisch und oft links angehaucht. Die kamen mit dem allerbesten Willen nach Afrika zurück, wollten modernisieren und ihr Land aufbauen. Dann erlebten sie, dass kein Ansprechpartner da ist, niemand, der sie kontrolliert, der ihnen auf die Finger schaut, weil der Großteil der Bevölkerung Analphabeten waren. Selbst ein idealistischer Mensch, der immer tun und lassen kann, was er will, ist unter diesen Umständen in Gefahr, die Möglichkeiten zur Korruption auszunutzen. So wurden diese Leute langsam zu Diktatoren. Denken Sie an Robert Mugabe, der letzte Überlebende aus dieser Generation. Der ist als hoffnungsvoller junger Idealist nach Simbabwe zurückgekehrt, der Westen hat ihn jahrzehntelang gefördert, und dann wurde er zu einem Diktator, der das Land völlig heruntergewirtschaftet hat.

Fischler: Das ist mir schon klar. Meine Überlegung war aber nicht wie afrikanische Diktaturen entstehen, sondern wie wir in Europa vor 100 Jahren eine durchaus ähnliche Situation bewältigt haben. Wenn ich die alten Strukturen der Selbstversorgerwirtschaft in ein marktwirtschaftliches System überführen will, dann geht das aber auch nicht ohne Geldwirtschaft. Die damaligen kleinen Darlehenskassen sind heute die Mikrokreditunternehmen. Was wir auf jeden Fall verhindern sollten, ist, dass wir die Menschen in diesen Ländern ihrer kulturellen Identität berauben, indem wir ihnen unsere Unterhaltungsindustrie überstülpen.

Lutz: Leider ist das, was die Menschen wollen. Ich bin in den vergangen Jahrzehnten aus beruflichen Gründen viel in afrikanischen und asiatischen Ländern herumgekommen. Ich setze mich dann oft mit den Kollegen an den Universitäten zusammen und frage: Was schwebt *euch* für die Zukunft vor? Wo wollt *ihr* hin? Dahinter steckte immer die implizite Annahme meinerseits, dass es so etwas wie afrikanische Werte oder asiatische Werte geben müsste. Wenn ich *Kollegen* sage, dann sind das Soziologen und Bevölkerungswissenschaftler, welche die Meinung der Menschen in ihrem Land erforschen und gut kennen. Da bin ich in jüngerer Zeit desillusioniert worden. Das Vorbild scheint wirklich der amerikanische Lebensstil zu sein. Man sieht das insbesondere bei der Technologie: Alles wird kopiert, alles wird so nachgemacht, wie man es in den Medien sieht

Fischler: Gerade in der Landwirtschaft – wenn wir beim Thema Ernährung der Bevölkerung bleiben – ist es ein riesiges Problem, wenn wir unsere Hightech-Technologie, die der temperierten Klimazone angepasst ist, in die Tropen transferieren. Da ist die zunehmende Süd-Süd-Kooperation, die wesentlich sinnvollere Lösung. Wenn man nämlich Lösungen innerhalb derselben z. B. der subtropischen Klimazone verschiebt, geht das wesentlich leichter. Noch dazu stecken zur Zeit Schwellenländer wie Brasilien oder Indien wesentlich mehr Geld in die organische Forschung als wir in Europa. Da schließt sich auch der Bogen zu unserem Gespräch über das Bevölkerungswachstum: In den nächsten Jahrzehnten wird die Bevölkerung der Erde um zirka 2 Milliarden Menschen wachsen. Und die müssen ernährt werden. Das heißt in Zahlen laut UNO: Bis zum Jahr 2030 müssen zirka 50 Prozent mehr Lebensmittel produziert werden als heute. Wir werden dafür aber nicht viel mehr Landfläche zur Verfügung haben. Das Wasser wird auch knapp. Das heißt, dass wir die Produktionssteigerung an Lebensmitteln im Wesentlichen aus höheren Hektar-Erträgen erzielen müssen.

Lutz: Ich hätte aus unserem bisherigen Gespräch eigentlich vermutet, dass Sie in Hinblick auf die Ernährung der Weltbevölkerung optimistisch sind.

Fischler: Das bin ich durchaus. Wenn ich zurückblicke, sehe ich, dass die Europäische Union nach dem Zweiten

Weltkrieg der größte Nettoimporteur an Nahrungsmitteln der Welt war. Zwei Jahrzehnte später haben wir nicht mehr gewusst, wo wir die Überschüsse an Lebensmitteln verhökern sollen. Der Grund dafür war, dass man den Bauern einen guten Preis bezahlt und diesen auch garantiert hat. Das war der Beginn der gemeinsamen Agrarpolitik. Schon Anfang der 1960er Jahre war Europa zu 100 Prozent Selbstversorger, und danach wusste der Zauberlehrling nicht, wie er die Agrarproduktionsmaschine bremsen sollte. In der Folge kamen die berühmten Butterberge, Milchseen und Getreideberge zustande.

Ein zweiter Grund für meinen Optimismus: Wenn wir die bislang letzte Verdoppelung der weltweiten Agrarproduktion ansehen, dann hat man dafür nur zwanzig Jahre benötigt. Nur 8 Prozent des Produktionszuwachses kam aus dem Flächenzuwachs, die restlichen 92 Prozent aus den höheren Ernteerträgen. Bislang haben wir allerdings einen schweren Fehler gemacht. Denn die Intensivierung der Landwirtschaft ist sehr stark auf Kosten der Umwelt erfolgt. Gerade wir Europäer sollten daher in Zukunft darauf achten, dass die Produktionssteigerung auch im ökologischen Sinn nachhaltig ist und nicht zu Lasten der Umwelt geht. Dieses Konzept heißt nachhaltige Intensivierung. Wichtig ist mir noch einmal festzuhalten, dass es sehr wohl möglich ist, eine Welt mit 9 Milliarden Menschen zu ernähren.

Kapitel XII.

Wird es unseren Kindern einmal besser gehen?

Lutz: Die Einleitung zu diesem Buch haben Sie, Herr Fischler, mit dem Satz begonnen: „Bis zur Gegenwart hatten alle Eltern dieser Welt immer den Wunsch, ihre Kinder mögen es einmal besser haben als sie selbst.“ Wenn man das in eine Frage verpackt, ob es so sein wird, beinhaltet die Antwort darauf praktisch alles, was wir in diesem Buch bisher besprochen haben. Gehen wir zum Schluss noch einmal auf diese Frage ein.

Wessen Kinder sind damit gemeint? Wo in der Welt, werden diese Kinder leben? Da bin ich mir ziemlich sicher, dass es *im globalen Durchschnitt* den Kindern in Zukunft besser gehen wird. Weil viele Länder auf der Welt, denen es heute sehr schlecht geht, eine ähnliche Entwicklung durchmachen werden wie Europa in den vergangenen hundert Jahren – hoffentlich ohne die schrecklichen Kriege, die wir hatten. Die Lebenserwartung wird sich ähnlich wie in Europa verlängern, der materielle Wohlstand wird sich in ähnlicher Weise verbessern, ebenso die Gesundheit. Und, damit verbunden, vermute ich, dass die Kinder der Zukunft mit mehr politischer Freiheit leben werden als in der Vergangenheit.

Ich habe zuvor *im globalen Durchschnitt* betont, und zwar aus gutem Grund: Wenn wir uns die Entwicklung in den einzelnen Kontinenten ansehen, schaut die Antwort schon ein wenig anders aus. In Afrika ist nicht klar, ob der „Zug der Entwicklung" einer schöneren Zukunft entgegenfährt. Hier sind wir derzeit an einer sehr kritischen Schwelle – die Hauptgründe haben wir im Buch mehrmals genannt: Bevölkerungsexplosion, mangelnde Bildung, große Gesundheitsprobleme. In Afrika könnte es sogar zu einer Verschlechterung der Situation kommen.

In Europa haben wir bereits einen sehr hohen Wohlstand erreicht. Zweifellos werden Gesundheit und Lebenserwartung weiter steigen. Ob es bei uns zu einer weiteren Erhöhung des materiellen Wohlstandes kommen wird, ist fraglich. Zumindest sollten wir mit einer Verlangsamung des Wachstums rechnen, einfach, weil sich auf hohem Niveau alle volkswirtschaftlichen Wachstumsprozesse verlangsamen. Es gibt zwei Aspekte, auf die wir in jedem Fall achten müssen. Erstens ist das der Alterungsprozess in Europa, der in aller Munde ist. Das haben wir ja ausführlich besprochen. Es wird weniger junge Menschen geben, dafür wird die Zahl der Älteren stark zunehmen, obwohl man hier sagen muss: Diese älteren Menschen werden gesünder sein, sozusagen jung gebliebener als in der Vergangenheit. Hier sind Anpassungen unserer sozialen Sicherungssysteme absolut notwendig. Zweitens müssen wir unbedingt unsere internationale Wettbewerbsfähigkeit beachten. Wir haben ein sehr hohes Lohnniveau. Die Frage ist, ob das, was wir produzieren und am Weltmarkt offerieren, mit dem konkurrenzfähig ist, was jetzt schon die asiatischen Länder anbieten und in Zukunft auch Lateinamerika und Afrika zu weniger Geld anbieten werden. Das ist eine große Herausforderung, und es gilt: Nicht faul zu werden, nicht vom Wohlstand übersättigt in Bewegungslosigkeit zu verharren, sondern weiter in unsere Humanressourcen zu investieren: in Bildung und Wissenschaft. Das führt auch zu Innovation und es ist ganz wichtig, dass wir in einigen Bereichen die Nase vorne haben.

Fischler: Ihre Schlussfolgerung ist eine klare Botschaft an die vielen vereinigten Schwarzseher. Sie haben nicht recht! Es gibt keinen Grund in eine Weltuntergangsstimmung zu verfallen! Wir sollten auch nicht nur die Frage stellen, *ob* es unseren Kindern in Zukunft besser gehen wird. Sondern: Was müssen wir tun, *damit* es unseren Kindern, Enkeln und Urenkeln in Zukunft besser gehen wird. Als wichtigsten Schlüssel dafür haben wir ohne Zweifel die Bildung identifiziert.

Lutz: Es gibt sicherlich keine Alternative zum *Denken*. Wir haben nicht ohne Grund den Titel für dieses Buch *Zukunft denken* genannt. Was wäre denn eine Alternative zu Bildung und Wissenschaft, um die Zukunft zu bewältigen? Sollen wir rein *reflexiv* handeln? Basierend auf den Erfahrungen der Vergangenheit? Sollen wir blind weiterfahren, uns dabei nur auf Intuition oder Ideologie als Steuermann verlassen? Dann werden wir ziemlich sicher gegen die Wand fahren. Die Welt wird immer komplexer und ändert sich immer schneller. Anders als das in früheren Jahrhunderten der Fall war, sind heute die Erfahrungen der Vergangenheit nicht einfach auf die kommenden Jahrzehnte übertragbar. Es gibt Themen, die wir analytisch gut in den Griff bekommen, beispielsweise die Bevölkerungsentwicklung, weil sich diese langsam und in vorhersagbarer Weise abspielt. Auch globale Abläufe wie Migrationsprozesse folgen Mustern, die man durchaus in die Zukunft projizieren kann. Wo wir uns hingegen schwer mit Vorhersagen tun, sind kurzfristige politische Entwicklungen, wo oft einzelne Persönlichkeiten eine wesentliche Rolle spielen. Trotzdem können wir uns sicher sein, dass Entscheidungen, die auf fundierter wissenschaftlicher Basis getroffen werden, langfristig besser sind, als wenn sich Politiker auf Intuition und Ideologie als Berater verlassen.

Wir haben auch Vorbilder: In vielem sind das die skandinavischen Länder. Dort ist die wissenschaftsbasierte Politikberatung deutlich etablierter als bei uns. Die Bildung breiter Bevölkerungsschichten hat dort früher begonnen und war die Haupttriebfeder für die soziale Modernisierung. Die Folgen: Die gebildeten Frauen waren emanzipierter und haben für ihre Rechte gekämpft. Heute sind uns Finnland, Schweden und Norwegen in vielen gesellschaftlichen Bereichen voraus. Man sieht daran: Die eigentliche Veränderung der Gesellschaft kommt nicht von oben verordnet, sondern durch Ermächtigung der Menschen. Die jüngeren Generationen müssen befähigt und ermutigt werden, ihr Leben selbst in die Hand zu nehmen und die Gesellschaft zu gestalten. Es gibt den Spruch: Bildungspolitik ist die Sozialpolitik des 21. Jahrhunderts. Dem kann ich nur voll und ganz zustimmen.